広報・PR・販促担当者のための〈伝わる〉コンテンツ制作ガイド

これだけは知っておきたい！構成力・発信力をアップする「編集」のノウハウ

BNN
Bug News Network

はじめに

本書は、広報や販促のためのツールをよりよいものにして、もっと効果的な広報活動、魅力的なＰＲを行っていきたいと考えている広報・ＰＲ・販促担当者さんへ向けて作られています。

広報・販促ツールを制作する際、見た目を美しくすることも、〝魅せる〟ためにもちろん大切なのですが、その前にもっともっと大切なことが、そもそもの企画や構成、つまり中身の部分を、芯を通して組み立てること。何を、誰に、どのように伝えたいのか。そのことをじっくりと考え、届けるための最善の表現方法を探ることが、ツール制作の第一歩です。

けれど、自分で制作する場合も、プロに外注する場合も、広報担当者さんが担わなくてはならない役割は意外と多く、何から手をつけてよいのか、どう進めていけばよいのか、途方に暮れる…ということも少なくないのではないでしょうか。

そこで、制作を円滑に進め、制作物を思った通り（あるいはそれ以上！）の仕上がりにするためにもぜひ身につけていただきたいのが、「編集」というスキルです。

「編集」というと、雑誌や書籍の裏方的なイメージが強いかもしれませんが、本書で扱う「編集」スキルは、「伝えるべきことを抽出し、厳選し、引き立て、組み立てる能力」、そして「制作を円滑に進めるために、全体を整えていく能力」のことです。これは、編集を職業とする人でなくても、あらゆる場面で活用できるスキルですし、より伝わるコンテンツを作っていく過程において、この「編集」の視点や立ち回りは力を発揮します。

本書では、ツールの制作を担当することになった広報や販促の担当者さんが知っておくときっと役に立つ、実践的な編集や制作のノウハウを詰め込みました。まず、「編集とはなんぞや」というところからスタートし、その後「企画」「撮影」「デザイン」「取材」など、制作に必要となる作業段階別に章を設け、それぞれで覚えておいてほしいポイントを見開きで解説しています。初めて広報ツールの制作担当になった方はもちろん、すでにいくつか制作してみたけれど、何となくうまくいかない……と感じている方にとっても、参考になる内容となっているはずです。

本書が、制作に困ったときのヒントや打開策を与えるような存在になってくれますように。

CHAPTER 1

基本のこと

CHAPTER 2

企画＆制作準備

CHAPTER 3

撮影

CHAPTER 4

イラスト

CHAPTER 5

デザイン

CHAPTER 6
取材＆原稿作成

CHAPTER 7
印刷所とのやり取り

CHAPTER 8
事例紹介

CHAPTER 1

基本のこと

この章では、実際のノウハウに入る前の導入として、
そもそも編集とは何なのか、
よい企画やコンテンツを考えるにあたり
編集力がどう活きてくるのかを見ていきます。
また、制作全般にかかわることについても触れていますので、
参考にしてみてください。

1 そもそも編集って何？

編集の役割とは？

雑多な情報を収集して整理し、
ターゲットに受け取りやすい形で見せるのが
編集の役割です。

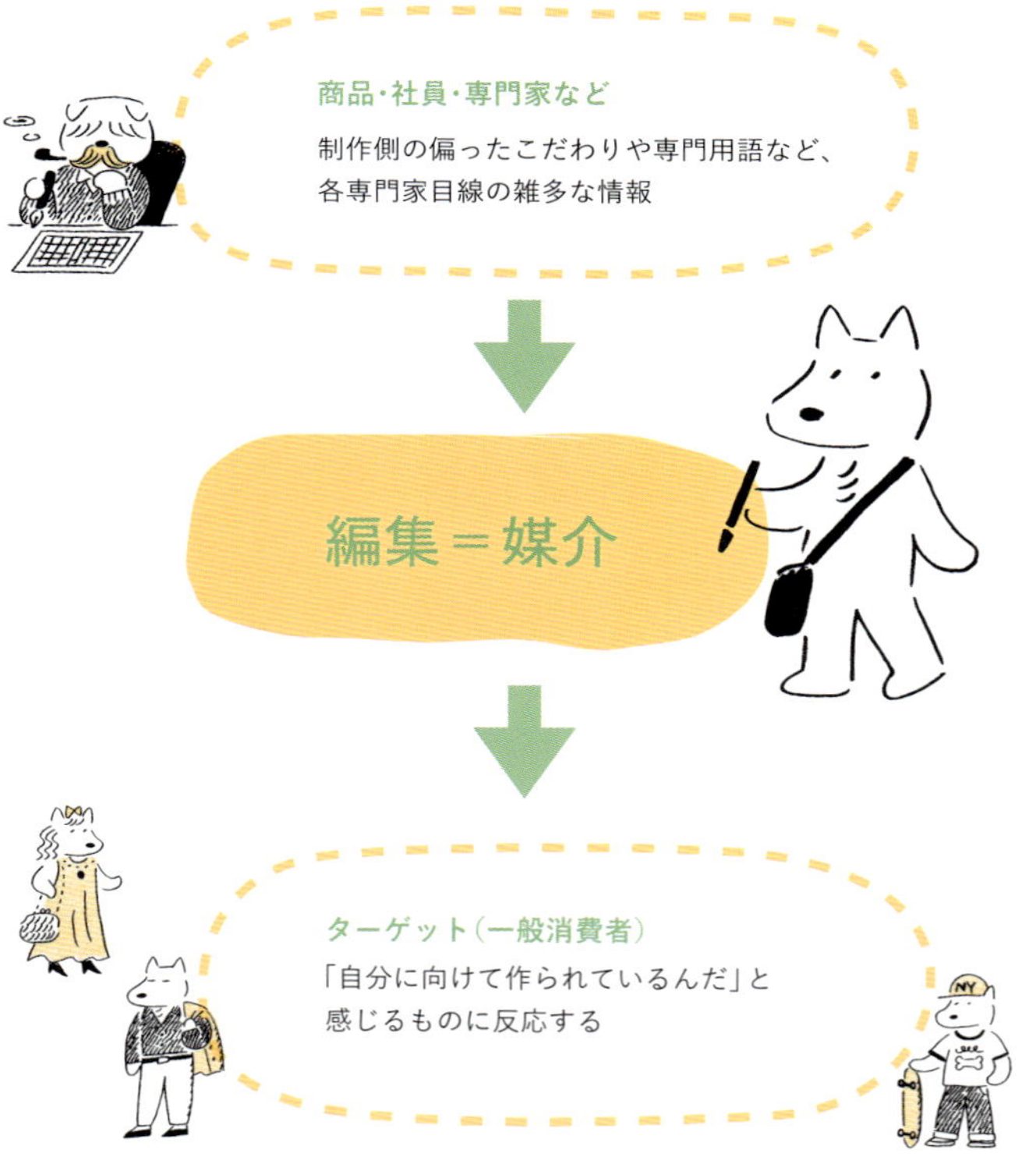

商品・社員・専門家など
制作側の偏ったこだわりや専門用語など、
各専門家目線の雑多な情報
編集＝媒介
ターゲット（一般消費者）
「自分に向けて作られているんだ」と
感じるものに反応する

編集者というと、漠然と「本を作る人」というイメージを抱く人が多いでしょう。「広報・PRにも編集の力が必要」とは言うものの、そもそも「編集」とは何なのでしょうか。

編集とは、さまざまな専門領域の人たちをつなぎ、最終的にターゲットにとってもっとも受け取りやすい形で情報を提供するための、媒介としての役割を指しています。制作物の方向性を決めるディレクターでもあり、伝えたいことを明確に持って、全行程がそのゴールに向かっているかをチェックするのも仕事です。つまり、制作作業の中に編集の目線がないと、携わる人がどこに向かって仕事をすればよいのかわからないという事態になりかねないのです。

編集者がいないとどうなる？

「編集とは削る作業」とよく言われます。
いちばん大事なことは何かを見極め、
それをどう見せるかを考えるのが、編集の醍醐味です。

情報量が
多い

編集者がいない場合

雑多な情報が未整理のまま詰め込まれ、誰に向けているのか、どの情報が大事なのか、何を伝えたいのかなどがわかりづらい

ごちゃ
ごちゃ

編集者がいる場合

たくさんの情報から必要なものだけを取捨選択し、どこに何が書いてあるのか、大事な情報はどれなのかなどがわかりやすくまとまっている

わかり
やすい

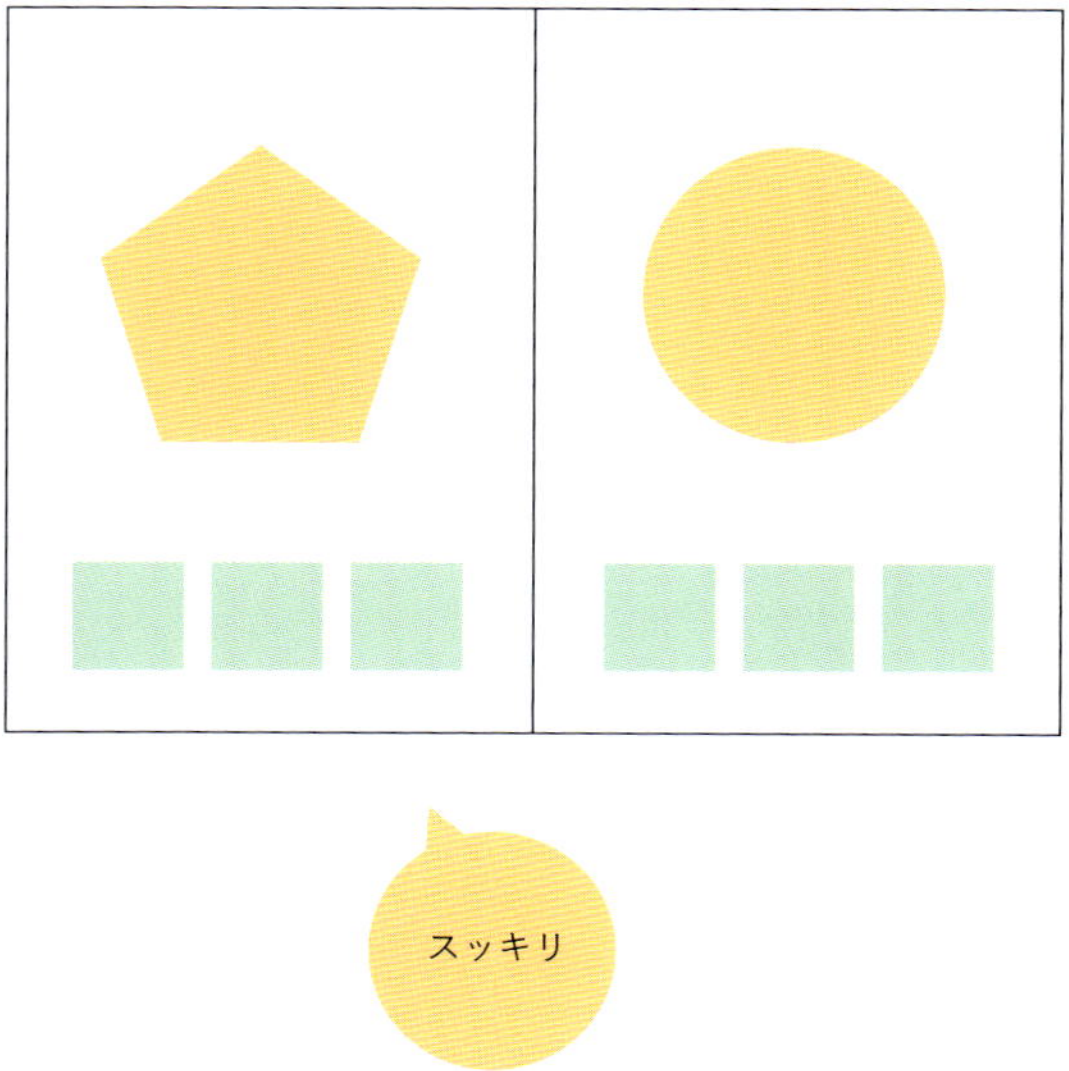
スッキリ

2「編集」の力をどう取り入れればいい？

実際にメディアを制作するときに、どのように編集の力を取り入れればよいのでしょうか。編集とは、作り手から受け手へ情報を受け渡す際の媒介となる立場なので、作り手側でありながら、必ず受け手の視点を持っていなければなりません。企画中や打ち合わせ中、制作中、他の人の仕事をチェックするときも、「受け手の視点で見たときどう感じるか」が大切な判断基準になります。それが当初の意図とズレているなら、制作途中であっても軌道修正していく必要があるのです。他の人の意見を聞くことも必要ですが、ディレクターとして、判断軸をぶらさないようにしましょう。具体的なテクニックはこの後紹介していきます。

制作物を客観的に見てみよう

自分たちの過去の制作物や、これから作ろうとしているものに近い制作物を集めて、受け手の視点で客観的に見てみましょう。

そこから改善すべき点を考え、新たなアイデアにつなげます。

どんな印象を受けるか

=テンション

制作物の印象は「テンション」で決まります。テンションを大きく左右するのは、主にデザインや写真、文章のテイストです。

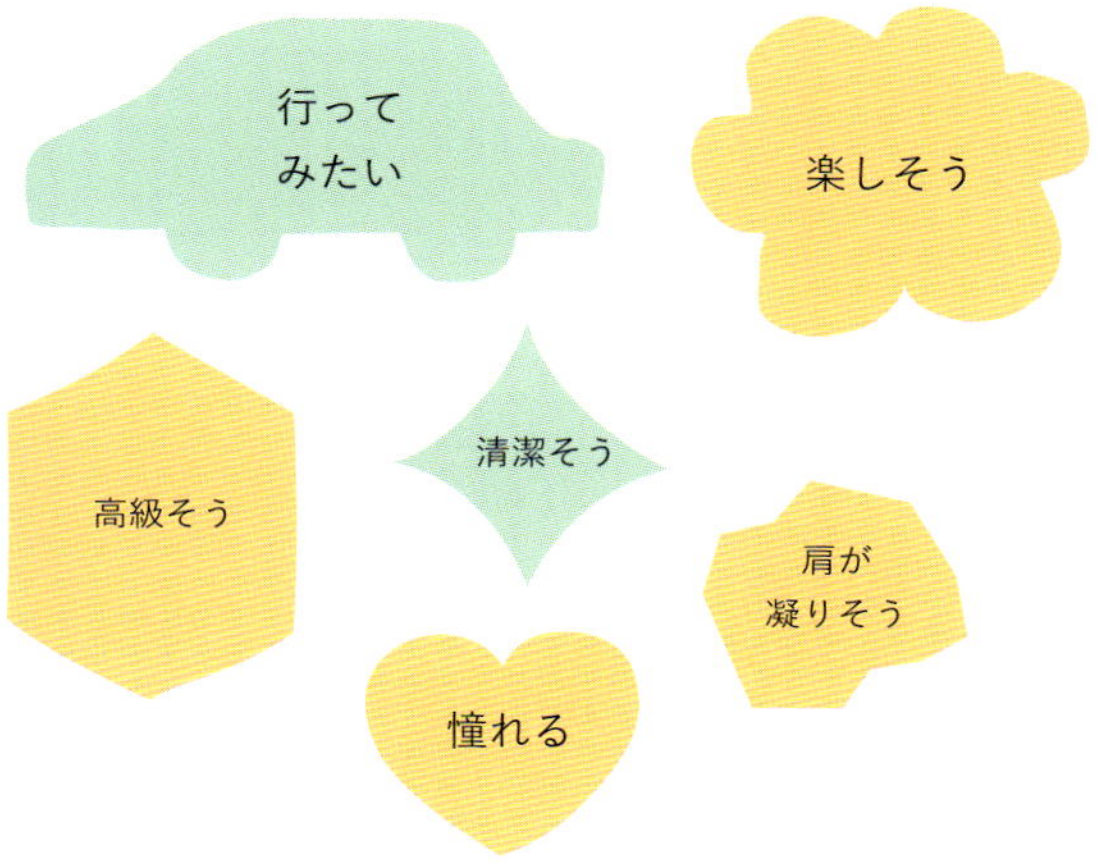

何が伝わってくるか

=要素

制作物から何が伝わるかは、どんな「要素」を、どれくらいのボリュームで入れているかで決まります。

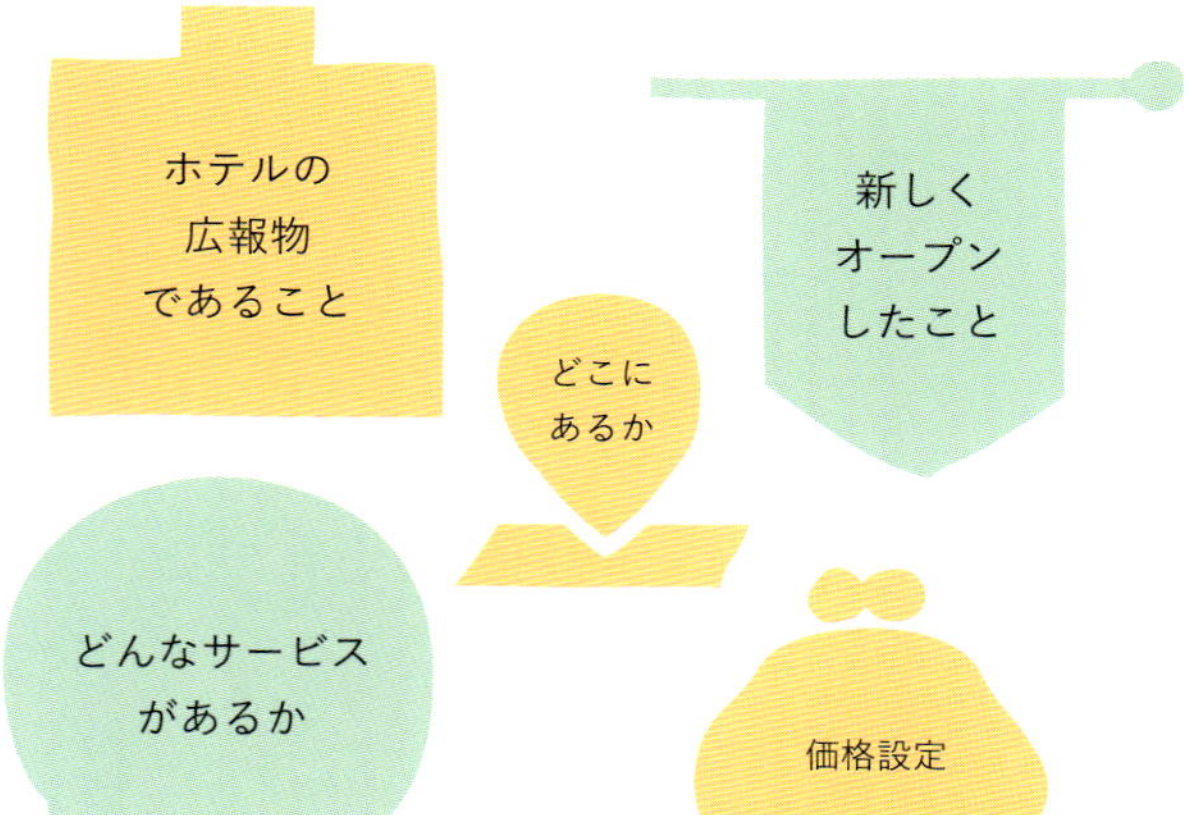

Hint 常に編集の視点でものを見る練習を

例えば、街中のポスターや飲食店のメニュー、雑誌の表紙など、あらゆるものを編集の視点で見てみましょう。「作り手はなぜこうしたんだろう」「この見せ方は面白い」「自分ならもっとこうする」などと考えてみることで、アイデアの引き出しを増やすとともに、編集の視点で考える癖をつけることができます。

3

どうすれば魅力が伝わる?

ターゲットを明確にしよう

ターゲットが決まっていない場合や、決まっていても幅広すぎる場合は、
ターゲット像を絞り込み、その視点から刺さる伝え方を考えましょう。

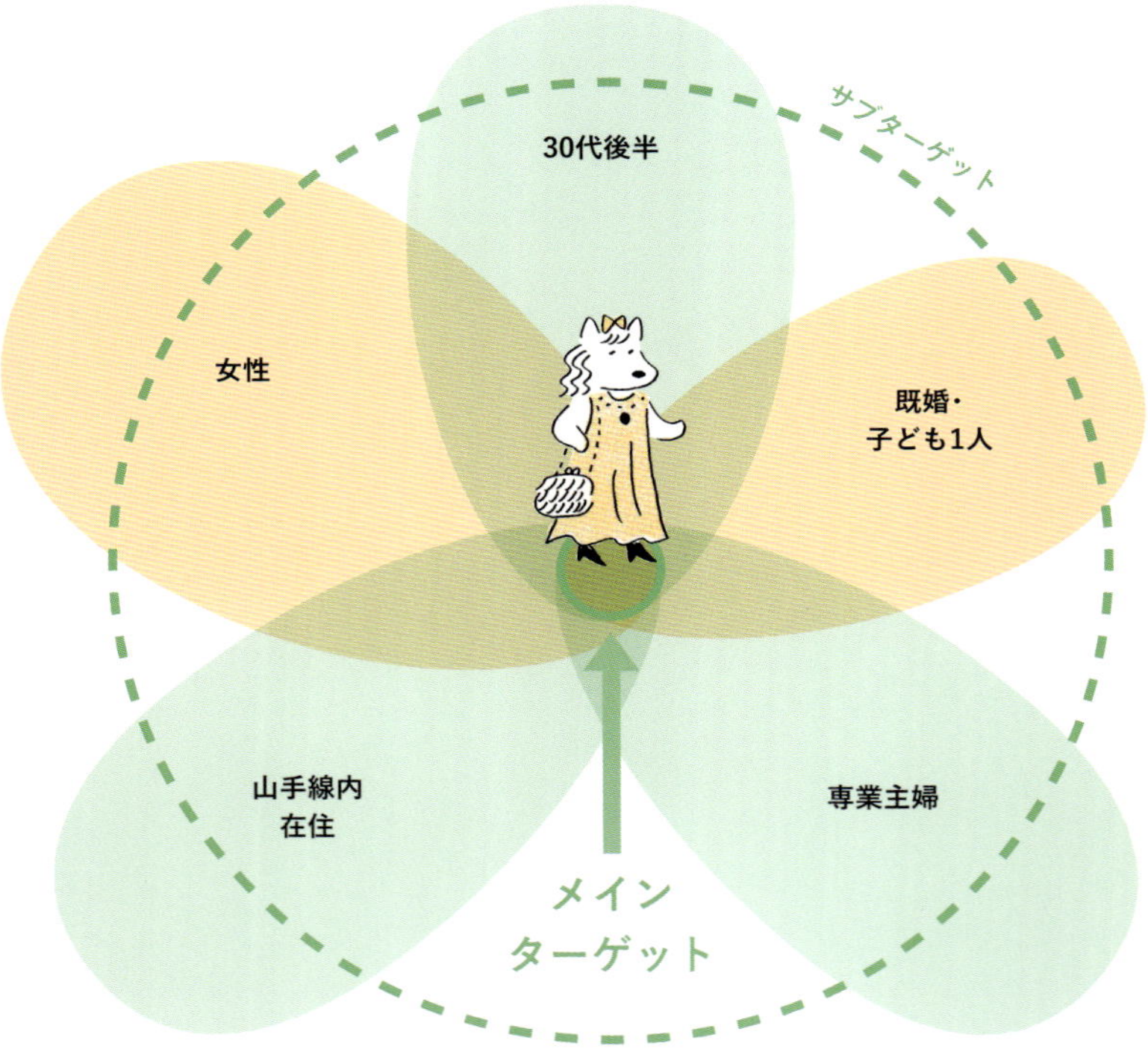

広報物を作るにあたって、広報する商材だけが決まっている場合と、ターゲットありきの場合があるでしょう。商材だけ決まっていて、その魅力をどう伝えてよいかわからない原因の多くは、自身がその魅力をはっきり理解していないことです。まずはその商材についてよく知り、いちばんの魅力がどこにあるのかを見極め、それが最も刺さるであろうターゲットを設定しましょう。ターゲットがすでに決まっている場合は、そこに該当する人と直接話をしてその属性を肌で知り、商材のどの部分が刺さりそうかを考えます。いずれにしろ、ウリもターゲットも絞ったほうが、届けたい人にはっきり伝わりやすくなります。

ウリをはっきりさせる

商材のウリをはっきりさせるためには、
まずその商材を利用してみたり情報収集をしたりして誰よりも詳しく知り、
その中でいちばんの魅力を見つけることです。

独自性がある

高品質さをウリに、「いつ」「誰に」「どんなふうに使ってほしいか」が明確になっている

ウリがありふれている

どの類似商品にも当てはまりそうなウリで、差別化ができていない

ウリが多すぎる

ターゲットが幅広く、ウリが多すぎるため、刺さりにくい

Hint 時流を肌で感じておくことも大切

せっかく考えたウリが、ターゲットにちゃんと刺さらなければ、意味がありません。それには、時代性も関係しています。歴史的な流れの中で現代はどういう時代なのか、日本や世界の景気はどうか、何が流行っていて、巷の人々はどんな欲求を抱いているのか、季節感はどうか。こういったことを、いろんなところに直接足を運んで、肌で感じておくことで、今の時代に合った広報・PRをすることができます。

4 どのメディアを使うか、迷ってしまう

紙メディア

ブックレット

小冊子のこと。商品カタログや会社案内、広報誌、社内報など、じっくり見てもらいたいときや多くの情報を伝える必要があるときによく採用される体裁

リーフレット・チラシ

1枚の紙に刷られた印刷物のことで、巻3つ折り、Z折り、観音折りなどの加工をすることも。店舗やブランド、商品のことを理解してもらうためのメディアによく使われる

ポスター

ターゲットの目につきやすい場所に貼り出し、新しい商品・サービス、イベントなど旬の情報を告知するのに向いている

カード

ショップやブランドの住所や電話番号、ホームページのURL、QRコードなどの情報を知らせるために使われる、名刺大のカード

ダイレクトメール

自宅や会社宛てに直接送る、ハガキや封書のこと。イベントの告知やリピーターへの連絡に向いている。最近はパソコンやモバイルの普及によりだいぶ減ったが、特にネットに親しみのない高齢世代には有効な方法と言える

広報活動にあたっては、目的やターゲットなどによってさまざまなツールを活用できます。同じ紙メディア、ウェブメディアでもそれぞれに特性があり、広報する商材や広報の目的、ターゲット、予算などによって、適したツールを選択することが大切です。特にウェブでは、ほぼ資金なしで広報することも可能ですが、手当たり次第運営するだけでは手間や時間、お金がかかるだけ。ウリやターゲットを明確にしたうえで、どのメディアをどう使うのか戦略的に考え、都度その効果を見直しましょう。また、メディアをミックスしてキャンペーンを展開したり、イベントをあわせて開催することで、話題性を持たせる方法もあります。

ウェブメディア

ホームページ

会社やブランド、店舗などの公式の情報がわかりやすくまとまったもの。しっかりした公式サイトを作ることで、信頼性を高めることができる

ブログ

担当者レベルで簡単に更新できるため、新鮮な情報や日々の出来事など記事にできる情報を蓄積してカテゴリー分けすることで、検索性を高めることも可能

メールマガジン

登録された読者に対して、ニュースや読み物などをメールで送ることで情報発信する。予算や専門性がなくてもすぐに実行でき、URLなどを入れ込むことで直接行動に結びつけることも可能

Twitter

もともとは文字のみのSNSだったが、現在は画像や動画の使い方が一つのポイント。シンプルなメディアだけに、担当者のセンスやスキルが問われる

Instagram

今、最も人気の高いSNSの一つ。ビジュアルでPRしやすく、フォトジェニックな商材を扱う場合は特に有効

Facebook

多くの人が実名で利用しており、ビジネス利用向きのSNSと言える。写真や動画、文章の投稿だけでなく、ライブ動画やイベント、アンケートなど多様な機能があり、使いこなすことで高い効果を発揮する

LINE

消費者との気軽なコミュニケーションツールとして使う、リアルタイムの告知をする、スタンプを作ってファンを増やすといった使い方がある

その他

イベント

記者発表会や説明会、見学会、プレスツアー、プレスパーティなどを開催することで、多くの人に一度に直接広報でき、話題性を持たせることができる

キャンペーン

一定期間にテーマを決めて、組織的に行う広報活動のこと。メッセージ性や話題性を持たせることで、より多くの注目を集めることが可能

5

効果的なアイデアの出し方は？

アイデア出しの流れ

まずは現実的な枠を取り払い、
幅広い目線と柔軟な頭でアイデアを出したうえで、
現実的なラインに落とし込みましょう。

情報収集

広報する商材に関する情報や、類似商品の広報の仕方、業界の現状、今世の中で何が流行っているかなどについて、広く情報を集める

ブレスト

情報を持ち寄り、ブレーンストーミングの原則（「批判禁止」「質より量」「自由奔放」「結合便乗（人の意見に便乗してよい）」）に則ってアイデアを出し合う。一人ブレストも効果的

リサーチ

特に魅力的なアイデアに関してさらに具体的にリサーチし、現実的にどうしたら実現できるのかや、最終的にどういう形にするのかを考える

絞り込み

当初の目的にそっているかや、予算、作業量、スケジュールなどを考慮し、実際に実現するものを絞り込む

広報したい商材の魅力を理解し、ウリとターゲットをはっきりさせたうえで、今度は具体的にどう広報していくかを考えましょう。より多くの人に注目してもらうためには、独自性・話題性のある企画を練り上げる必要があります。ところが、メディア制作の経験がない場合は特に、何もない状態からいきなり名案をひねり出そうとしても、突然素晴らしいアイデアが出てくることはほぼありません。逆に経験がある場合でも、決まった枠にとらわれて似たようなものばかり作ってしまいがちです。まずは、ブレーンストーミングをしたり、前例を参考にしたりすることで、幅広い視野と柔らかい頭でいろいろなアイデアを出してみましょう。

アイデア出しの参考になるもの

制作する広報物とは異なるメディアやジャンルのものからも
アイデアを得ることで、幅が広がります。
日頃から気になった写真やキャッチコピー、デザインなどはストックしておきましょう。

ポスター

駅や街中で目に入ったポスターに関して、何が印象的だったのかを考えてみよう。写真やイラストの使い方、キャッチコピーなどが参考になる

雑誌

企画の立て方、デザイン、写真やイラストの使い方、キャッチコピーなど、参考にできる要素がいろいろある。国内だけでなく、海外の雑誌も見てみよう

ストックフォト

写真のテイストやロケーション、小物の絡め方などを考えるときに、ストックフォトサイトでキーワード検索すると、さまざまな撮り方の写真を見られる

ニュース（新聞・ウェブ）

今、世の中では何が起こっているのかをチェックし、時代の流れに合わせて実践したら面白いことはないか考えることができる

Hint 実例が多数掲載されている書籍もある

デザインや写真、キャッチコピーの実例・作例をたくさん集めた書籍を見れば、参考になるアイデアを効率的に探すことができます。

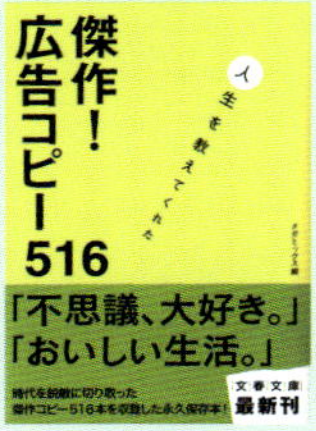

名作コピーの実例を516個集めてある。印象的な言葉を考えるうえでのヒントが見つかる

『人生を教えてくれた
傑作！ 広告コピー516』
（メガミックス・編、文藝春秋刊、2012年）

作例を見ながら、デザインの基本を学べる本。見せ方を考えるうえでの主なポイントがわかる

『なるほどデザイン
〈目で見て楽しむデザインの本。〉』
（筒井美希・著、MdN刊、2015年）

6 企画書を作ろう

企画書の書き方の例

キャッチコピー
冒頭に、企画意図が伝わるような、パッと目を引く写真や文章を入れておくと、見る人の目に入りやすく、印象に残りやすい

企画に合わせたフォントを選ぶ。定番は、読みやすく、力強い印象を与えるゴシック体（「MS Pゴシック」など）

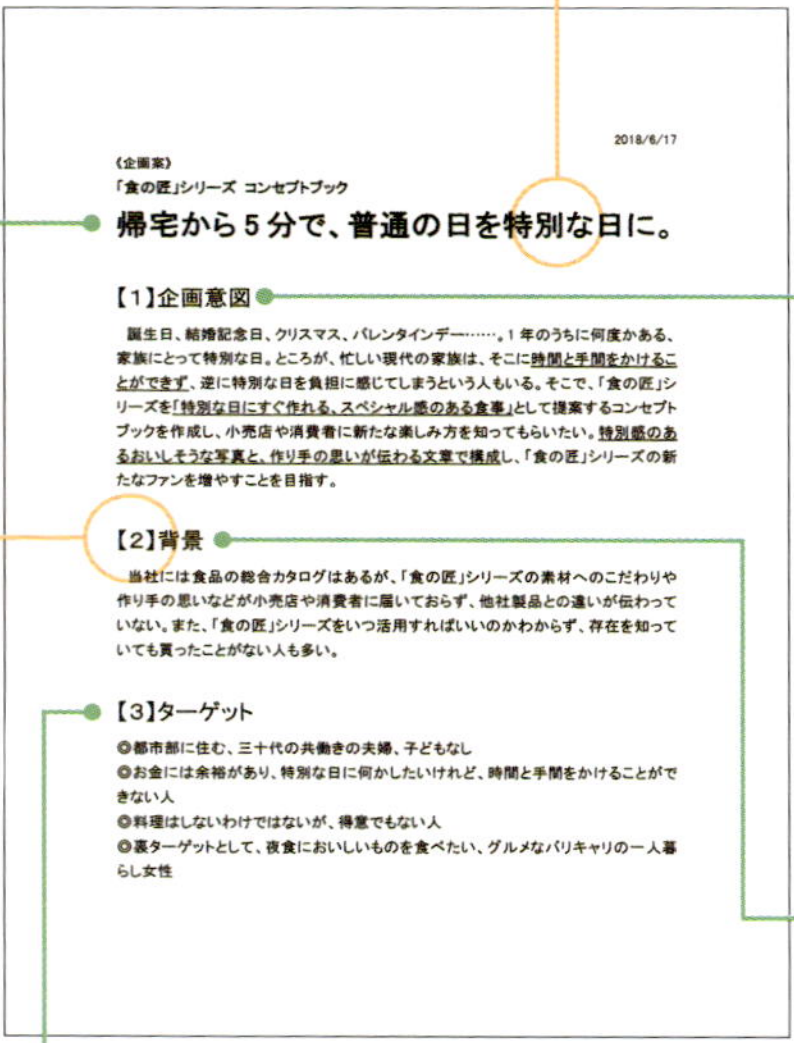
2018/6/17

《企画案》
「食の匠」シリーズ　コンセプトブック
帰宅から5分で、普通の日を特別な日に。

【1】企画意図

誕生日、結婚記念日、クリスマス、バレンタインデー……。1年のうちに何度かある、家族にとって特別な日。ところが、忙しい現代の家族は、そこに時間と手間をかけることができず、逆に特別な日を負担に感じてしまうという人もいる。そこで、「食の匠」シリーズを「特別な日にすぐ作れる、スペシャル感のある食事」として提案するコンセプトブックを作成し、小売店や消費者に新たな楽しみ方を知ってもらいたい。特別感のあるおいしそうな写真と、作り手の思いが伝わる文章で構成し、「食の匠」シリーズの新たなファンを増やすことを目指す。

【2】背景

当社には食品の総合カタログはあるが、「食の匠」シリーズの素材へのこだわりや作り手の思いなどが小売店や消費者に届いておらず、他社製品との違いが伝わっていない。また、「食の匠」シリーズをいつ活用すればいいのかわからず、存在を知っていても買ったことがない人も多い。

【3】ターゲット

◎都市部に住む、三十代の共働きの夫婦、子どもなし
◎お金には余裕があり、特別な日に何かしたいけれど、時間と手間をかけることができない人
◎料理はしないわけではないが、得意でもない人
◎裏ターゲットとして、夜食においしいものを食べたい、グルメなバリキャリの一人暮らし女性

番号をつける、文字に大小をつけるなど、項目をわかりやすくする。ページ数が多い場合は目次をつけるとよい

企画意図
この企画を立てた理由や目的、内容などを、熱意を持って、ただし簡潔にまとめる。文章が長くなる場合は要点に下線を引くなど、ポイントをわかりやすく

背景
現状を分析し、この企画を立てた背景を明らかにする。数値的な根拠があるとより伝わりやすい

ターゲット
読んだ人が具体的にイメージできるように、できれば実際の人物を思い浮かべながら、詳細に設定する。「裏ターゲット」も設定しておくと、説得力が増す

上司への確認が必要ないから、携わる人数が少ないから、企画書は必要ないと思うかもしれません。ところが、自分一人で作るメディアだとしても、企画書を作成することをおすすめします。なぜなら、制作途中で判断に迷ったり、上司に企画全体をひっくり返すような指示をされたりしたときに、企画書という原点に立ち返ることができるからです。企画書に書くべき内容は、①現状の整理、②理想、③現状から理想に到達するための具体策の三つ。図や表などを多用する場合はPowerPointを使うのもよいですが、長すぎると企画の全容がつかみにくく、意図がはっきり伝わりにくくなるので、簡潔にまとめることも大切です。

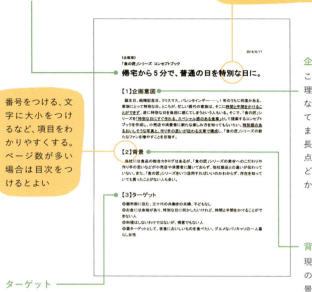

コンテンツ案

企画意図に沿った構成案をまとめる。あれもこれも入れようとしないで、絞り込むことも大切

訴求ポイント

ターゲットに対してウリにする部分を、箇条書きなどで簡潔にまとめる

【4】訴求ポイント

◎手軽な商品ながら、プレミアム感が伝わるデザイン、写真、文章
◎おいしそうな写真で、とにかく食べてみたくなる
◎作り手のこだわりや思いが伝わる

【5】コンテンツ案

(1)「食の匠」シリーズを使った、特別な食事完成までをドキュメント風に
(2)「食の匠」シリーズとは？
(3)シェフインタビュー「時間がないときこそ、食で幸せを提供したい」
(4)食材へのこだわり
(5)著名人コラム「食の匠シリーズと私」
＊商品カタログ、キャンペーン情報、取り扱い店舗

【6】予算

300 万円　※見積もり書添付

【7】スケジュール

・～6 月末　企画・打ち合わせ
・～7 月 15 日　取材・撮影
・～8 月 10　制作・校正
・8 月 15 日　校了
・8 月 25 日　納品

【8】概要

判型：A5・中綴じ
ページ数：16 ページ＋表まわり（4C）
部数：5,000 部
配布先：「食の匠」シリーズを扱っている小売店
配布時期：9 月～　※年末のイベントシーズンに向けて配布

字間、行間、余白のバランスにも気を使い、読みやすくまとめる

予算

実現するためにいくらくらいかかるのかがわかると、決定権を持つ人も返答がしやすい。印刷所や制作担当の見積書があれば添付する

スケジュール

おおまかな予定やかかる日数だけでも入れておくと、今後の動きがイメージしやすくなる

概要

判型やページ数、部数、配布時期や配布先など、制作物を具体的にイメージしやすいデータを入れる

色は使ってもよいが、色数を増やしすぎない

企画書を書くと、頭の中も整理されるよ

Hint　企画書デザインのコツがわかるサイト

『伝わるデザイン 研究発表のユニバーサルデザイン』というサイトには、WordやPowerPointを使った企画書をデザインするコツがまとめられています。フォントの選び方や、レイアウトの仕方、配色のコツ、グラフや表の作り方など、かなり詳しく書かれているので、誰にでも読みやすい企画書を作りたい人は参考にしてみてください。

『伝わるデザイン 研究発表のユニバーサルデザイン』　http://tsutawarudesign.com/

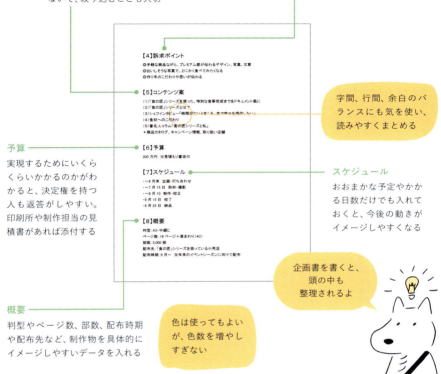

7 外注したい！誰に何を頼めばいい？

主な制作スタッフの役割

カメラマン
クライアントや編集担当者の完成イメージに沿った写真を撮影し、場合によっては補正を行い納品する
Writer
ライター
編集担当者の意図に沿った文章を書く。取材をして原稿を起こしたり、資料から文章を起こす
ORDER
編集担当者
執筆依頼や掲載許諾など外部とのやり取り、進行や予算の管理、スタッフへ指示などを行う
デザイナー
編集担当者がイメージした広報ツールを、ターゲットにより届きやすく伝えやすい形で具現化する
DTP
DTP
書籍や雑誌など主に紙媒体で、文章や画像をレイアウトして誌面を作り上げていく
WEB
ウェブディレクター
編集と役割は似ているが、仕上がったサイトの動作確認も行う。ウェブは多くの技術者がかかわる

制作予算や期間、会社の規模や広報担当者が抱えている業務量によって、制作一式、あるいは一部を外注して広報ツールを作り上げるケースも多く見られます。その場合、代理店や制作会社にすべての制作を任せる方法と、広報担当者がデザイナーやカメラマンなどの制作スタッフと個別に直接やり取りして作り上げていく方法、大きく二つの方法があります。いずれの場合でも、担当者が制作物の指針を持ち、全体の舵を切ることが望ましく、誰に何をどのように頼めばよいかわからないということがないように、各スタッフや外注先の役割をきちんと把握して依頼をかけるようにしましょう。

代理店って？

自分で制作する時間がなく、予算が用意されている場合は、
制作一式を制作会社に頼むのも一案です。

時間を確保できないとき

予算はあるものの、どんなものを作ればよいのかわからなかったり、イメージがあってもどういったスタッフで構成すればよいのか自ら選ぶ時間も知識もない

発注者

営業

ORDER

代理店・制作会社

印刷物・ウェブの制作全般を請け負う制作会社や、広告枠を確保したり、宣伝方法の提案から制作までを担ったりする広告代理店に依頼することも可能。総合広告代理店へ相談をすれば、広告・宣伝活動関連の制作をまるごと任せることもできる

時間を確保できるとき

- 書店での調査（P117）
- デザイン書籍で調べる（P116）
- 普段からクリエイターの情報にはアンテナを張っておく　etc...

自分で制作する
OR
個別に外注する

Hint　制作会社に依頼するメリットとデメリット

制作会社に依頼するメリットは、費用はかかるものの、こちらの要望を事前にきちんと伝えればそれに沿った形で具体的なイメージやデザイン案が提案され、制作もすべて任せてしまえるという点でしょう。自分では思いつかないようなアイデアも提案してもらえるので可能性が広がります。ただし、デザイナーやカメラマンなどの現場スタッフと自分たちの間に制作会社が入る形になるため、一枚フィルターがかかり、意図が間違って伝わってしまうことも起こり得る…というのがデメリットとして挙げられます。制作会社担当者とのコミュニケーションを密に取り、意図をきちんと伝えることが重要です。

8 制作を全部まとめて頼むには？

予算がたっぷりあるなら

販促の広告枠から任せたいときは、広告代理店に相談してみましょう。
ただし、広告代理店にも得意分野がそれぞれあるので、
自社の商品に合う打ち出し方を見極めておきましょう。

広告代理店に相談する

自社の商品をメディアに出し、知ってもらう仕掛けを打ち出すためには、広告枠を持つ広告代理店に相談する。広告代理店は広告枠を買い、市場に対して効果的な広告作りを提案する。ただし、市場調査、的確な広告イメージ、効果の測定も出してくれるなど、すべてお膳立てしてもらえるだけ、多額な費用がかかる

ブランディング会社に相談する

ブランディング会社は、企業のブランディングだけではなく、商品のデザインから手掛ける会社もある。その他、ウェブサイトの制作やリニューアルを専門にするところや、パッケージ、ビジュアル、空間など扱う分野を決めている場合も。制作実績などを参考にしながら、どの会社がよいか選ぼう

予算がある場合は、個人個人に頼むのではなく会社に依頼すると、仕上がりまでの一連の作業を任せることができます。単に販促ツールを作るだけではなく、戦略的に売り上げを見込んだ形で展開を考えるならば、広告代理店に相談してみましょう。

制作をまとめて依頼する場合の注意点は、しっかりした判断の基準を自分で設けることです。商品をどのようなデザインにしたいか、どう届けたいのかの決定までを丸投げせず、広報編集としての目線と軸をしっかり持ちます。

また、進行の過程で意見がブレたり、話が二転三転することのないよう、社内での意思決定も事前にしっかり固めておくようにしましょう。

そこそこ予算があるなら

純粋に販促物を作るという目的だけに絞るなら、
デザイン事務所や編集プロダクション、ウェブ制作会社に
制作を相談してみましょう。

デザイン事務所に相談する

デザイン事務所によっては、ブランディングから携わるところもある。一からの製品開発を依頼したいわけではなくても、相談してみるのも手。ただし依頼が確定した場合は、作業領域をしっかりと確認し、編集の目線は自分が持ちながらプロジェクトを進めよう

制作会社（編集プロダクション）に相談する

社史やカタログ、会社概要、取扱説明書、パンフレット、ウェブサイトの記事などを制作会社（編集プロダクション）に依頼するケースが増えている。最近では企業のウェブメディアの記事を出版社が下請けとなって制作していることもある。自力で編集する時間と余裕がない場合は、編集プロダクションに相談してみよう

ウェブの制作会社に相談する

ウェブの制作会社によっては、ウェブディレクターが所属している会社もある。ウェブディレクターは進行管理がメインだが、編集的な目線も持って取り組んでいるため、安心だ。ただし、依頼しても自分なりの編集の目線を持ち、意図や希望を伝えながらプロジェクトを進めること

9 印刷物制作のおおまかな流れ

企画を固める → **印刷の日程や費用を相談する** → **制作スタッフに依頼・相談する**

企画を固める

概要を出す

作る媒体やサイズ、どのくらいの部数を刷るのかを、予算とともに考える

ラフを描く

自分が編集者となって、どんなものにしたいのか具体的にイメージし、手書きでよいのでラフを描いておく

印刷の日程や費用を相談する

スケジュールを出す

納品日を明確にして、イメージしたラフをもとに印刷会社に連絡。印刷にどのくらいの日数が必要かを確認し、制作に割ける日数を洗い出そう。凝った印刷や加工があると、印刷にかかる時間も増える

予算感をつかむ

現時点の仮仕様で見積もりを依頼し、印刷にかかる費用のイメージをつかんでおく

制作スタッフに依頼・相談する

デザインの依頼

デザイナーまたは制作会社の担当に連絡をして、依頼、打ち合わせをする。依頼時の注意(P68)はしっかりと行う。ラフを持参し、相談、確認をすると安心だ

具体的な予算を把握

具体的な完成イメージや人員が定まったら、改めて予算を確認し確保しておく

その他のスタッフに依頼をかける

イラストが必要ならイラストレーター、カメラマン、スタイリスト……と制作に必要なスタッフに依頼をかけていこう

自分で制作の手配をする場合は、漏れがあると進行が止まります。そのため、具体的にイメージして全体の予定を立てておきましょう。上図の流れはおおまかなものなので、撮影の内容や、規模によっても変わります。手配の面で不安があれば、各スタッフに質問して確認するとよいでしょう。

　スケジュールを立てるときに注意しておきたいのは、使用にあたり事前に申請が必要となるケースです。例えば、道路や公共の場所で撮影を行いたい場合などは、警察署や役所などの機関、管理事務所への申請が必要となり、書類のやり取りなどを経て撮影許可が下りるまでに数週間かかることも。

　また、飲食店や小売店の一部で

手配

撮影場所を決める

撮影場所はなるべく早めに押さえる。公園など行政にかかわる場所は、許可取りに日数を必要とする場合があるので注意。また、人気の撮影スタジオは希望日程に埋まっていることが多いので、こちらも早めに予約するようにしよう

リースの日程を決める

撮影に関するリースは、撮影日程が決まったらその日に使えるようにレンタルする。場合によっては、探すのに時間がかかるので注意
※スタイリストに依頼する場合は別進行

取材のアポ取り

取材もアポ取りや、取材をする場所の撮影許諾などが必要となる

モデルの起用

モデルを依頼する場合は、オーディションをすることも

素材の用意

原稿やイラストの制作

写真は後からの修正が大変なので、事前にラフを描き、撮影にも立ち会うようにしよう。撮影をしている間に、ライターに原稿執筆を進めてもらったり、イラストレーターにイラストの作業に入ってもらう。イラストはどんなものを描いて欲しいか簡単なラフを渡せれば、お互いにブレがなく安心だ

デザイン出し

原稿や画像などそろった素材を、ラフレイアウトとともにデザイナーへ渡す。未着のものは空けて進めてもらうことも

ILLUST

デザイン業務〜校正〜責了

カンプ出しをもらう

写真、イラスト、原稿がそろったら、ポスターやチラシなどペラもののデザインの場合はカンプ（デザイン案）を出してもらう

初校をもらう

冊子などはDTP業務が進行。レイアウトした誌面（＝ゲラ）をもらって校正する。カタログや冊子のようなものなら初校に修正指示を入れ、再校、三校と段階を経て進行

印刷入稿

印刷入稿後、色校（P183）を取るならその確認をし、問題なければ終了！

見本誌の準備（冊子）

印刷物が届くまでに、関係者へ見本誌の送付の準備をしておく

撮影を行う場合は、営業前の短い時間の貸し出し可能ということも多く、事前の綿密な撮影計画が必要となります。

その他、写り込んではいけないものがないか、掲載方法に問題がないかなどは、入念に確認しておかないと、再撮影などのトラブルが発生してしまいます。また、上司や関係者の判断が必要となるケースでは、撮影に立ち会ってもらうと安心でしょう。

イラスト、画像、原稿など、デザインに必要な素材のそろう時期が同じだと、その後の制作もスムーズに進むということを念頭に置いて、各素材の準備を始める時期を前倒ししたり、同時進行したりして流れを組み立ててみるとよいでしょう。

10 制作にかかわる期間ってどのくらい？

ページもの・冊子の制作期間

ページの量や、内容によって大きく左右します。
ここでは、撮影と取材を行って作る
冊子の制作期間を示しています。

1 台割を考え、サムネイルを作る（2週間程度）

企画意図が定まった状態で、台割（P47）を考える。さらに台割からサムネイルを作り、全体のイメージをつかむ

2 社内での確認作業

制作がスタートした後に内容の変更があると制作サイドも混乱し、進行が止まってしまうため、この段階で確認を取ろう

3 必要な作業を洗い出す（1週間程度）

撮影やイラスト、図版の作成が必要かをサムネイル（P48参照）をもとに考え、必要なスタッフの洗い出しと候補のリストアップを進める

4 依頼と打ち合わせ（2週間程度）

必要なスタッフに依頼し、それぞれと打ち合わせをする。この間に撮影のラフやイラストのラフを作り、渡す

5 取材や撮影（1週間程度）

取材のアポ取りや日程の調整。ライターに任せることもあるが、やり取りは自分で行うと安心

6 撮影（内容次第）

取材とは別に撮影があれば、撮影日の確保をしておこう。屋外での撮影は天候にも左右されるため、予備日を確保しておく

7 デザインの確認など（1週間程度）

上がってきたデザインフォーマット（P110参照）の社内確認とフィードバックなど

8 デザイン確定、原稿流し込み（3週間程度）

デザインフォーマットが確定し、上がった原稿をデザイナーやDTPがレイアウトする

9 初校確認（1～2週間程度）

初校の確認。表記統一を行いつつ内容をしっかりとチェック。校正記号を使って迷いのない赤字を入れる

10 再校・三校・念校・入稿（各1週間程度）

初校以降は基本的に赤字が直っているかどうかのチェックをする

11 入稿作業から納品まで（1～2週間程度）

入稿は1日かけて行う。印刷所から出校しない場合はそのまま印刷に進む。納品までの日数は料金次第で早められることも

（12 色校正作業）

入稿してから2～3日で校正紙が到着。予算やスケジュール次第でこの工程を飛ばすこともできる

13 校了

出校された校正紙を確認して、戻す。だいたい2日程度で終わらせるが、印刷日数に余裕があれば多少延ばしてもらえることも

ポスター・チラシの制作期間

遠方への撮影が必要だったりする場合は制作期間が延びますが、
ページものよりは短期間での制作が可能です。

1 デザインラフが上がるまで（2週間程度）

企画意図が定まった状態で、デザイナーとの打ち合わせをし、デザインラフが仕上がるまでは約2週間ほど確保しておこう

デザインラフ確認

上がったデザインラフを1週間ほどで確認しよう。修正したラフをまた見たい場合は、1週間ほどデザイン修正作業に必要

2 デザインの実作業（2〜3週間程度）

素材がすでにそろっていれば2週間程度。新規素材が必要な場合は、もう1〜2週間は必要

校正作業

仕上がったデザインをチェック。デザインはラフでも確認しているので、主に文字要素や情報に誤りがないかをよく校正する

3 入稿準備（1週間程度）

文字の修正だけであれば、1週間ほど確保する。レイアウトやデザインに大幅な修正がある場合は工程2に戻ろう

4 入稿作業から納品まで（1〜2週間程度）

入稿は1日かけて行う。印刷所から出校しない場合はそのまま印刷に進む。納品までの日数は料金次第で早められることも

色校正作業

印刷所に入稿してから2〜3日で校正紙が到着。再校出しが必要なことも踏まえ、校了（責了）まで1週間は見ておく

Hint スムーズな制作を目指そう

本項では目安の期間を挙げていますが、もちろん、より余裕を持たせたスケジュールを組めると安心です。上記は作業の遅れやトラブルなどを含まない状態での想定期間だと思っていてください。また、内容の骨子が固まるまで、それからデザインの方向性が固まるまでの土台作りに、いちばん時間を割くのがよいと思います。そこさえ決まってしまえば、あとは実装に向けて、確実に材料を用意していくのみです。間に制作会社を挟む場合なども、伝達が不十分なことによる作業のやり直しを繰り返さないように、前提や土台の部分をしっかり固め、全員で共有するようにしましょう。

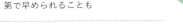

11

制作に必要な費用を計算するには？

具体的にイメージをしよう

制作物によって必要な費用が異なりますので、
何をどんなふうに作るのかをある程度具体的にイメージしましょう。
必要なスタッフへのギャランティや印刷費も考えます。

必要な費用は、制作する媒体やツールの仕様、制作数、スタッフの数、スケジュールなどによって変わります。まずは作りたいものを実現するために必要な経費項目を洗い出すことから始めてみましょう。そこからざっくり予算を割り当てていきます。相場がわからない場合は、要望を伝えて見積もりを取るのがいちばん確実です。ページもののデザインや編集を外注する場合は、ページ単価で見積もられることが多いですが、一式での予算提示も可能です。

費用が高くなる要因としては、スケジュールがタイトである、作業ボリュームが多い、有名な人を起用する、使いたい素材が高価である、といったことが挙げられます。

必要な経費

紙媒体の場合は印刷費と、スタッフへのギャランティが予算の大部分を占めますが、
その他にも細かく費用がかかります。
必要な経費項目を洗い出してみましょう。

印刷代

印刷費用は使う紙や加工によって差が出るため、デザイナーの希望を2案はもらおう。第一希望の仕様パターンと、予算抑えめのパターンで、印刷会社に見積もりを取るとよい

制作費用

デザイナー、ライター、イラストレーター、カメラマンなど、それぞれの作業ボリュームと制作期間を考慮して制作費用を割り出す。取材が必要な場合は交通費なども含むこと

撮影場所（ロケ地やスタジオ）

スタジオレンタル代や、公道・公共施設の利用料など。厚意で撮影の許可をもらった場合も、謝礼や手土産を用意する分の予算を、予備費として確保しておくとよい

撮影費用（リースなど）

スタイリング用に小物をリースする場合はそのボリュームによって変動。小道具を用意しているスタジオもあるので前もって確認しよう。その他、撮影当日の飲食代、駐車場代も忘れずに

献本・配送代

印刷見積もりに含まれる場合もあるが、印刷会社からの配送代金が別途請求されることも。また関係者への見本紙送付の配送代や、資料の発送代金などは見落としがちなので注意する

その他のスタッフ

校閲（誤字や事実周りの校正・確認）、モデル、翻訳、図版作成、有料の写真素材の使用など、メインの制作スタッフの他に依頼や発注をする場合にかかる費用も考慮しよう

Hint 広告媒体は高く請求される

自身のクレジットが載り、自分のデザイン色も出しやすい雑誌や書籍などのデザイン・制作費に比べ、クライアント側の方針に完全に基づいて制作を進める広告のデザイン・制作費の相場は3倍以上になります。ロゴの制作と同様、完全オーダーメイド品となるためです。また、制作会社や広告代理店を通すとより費用がかかりますが、編集業務や制作進行管理を担ってくれるため、広報担当者の作業負担はだいぶ軽減されます。

広告代理店

12

ウェブサイトにかかるコストを知りたい

ウェブサイトの制作自体は、ウェブディレクターやデザイナーなどのプロに依頼する形がほとんどですが、コンテンツは自分たちで用意するか、プロのライターやカメラマンに外注するかを決められます。ウェブの制作会社にディレクターがいれば、コンテンツの制作も手配してくれることがあるので、社内でのサイト運営方法が固まったら相談してみるとよいでしょう。

　また、サイト制作にかかるコストは、ゼロから作るのか、既存のサイトや素材をもとに作り変えるのか、既存のサイトにランディングページなど特設サイトを追加するだけなのか、更新作業は誰がやるのかなど、必要な作業量によって異なります。

どういうサイトにしたい？

商品紹介なのかイベント告知なのか、
どんな目的のウェブサイトを作るのか、
具体的に考えてみましょう。

見積もりを出してもらうには

見積もりを依頼するにも、いまいちどうやって項目を洗い出してよいかわからない場合は、制作を依頼する人(会社)に実際に会って相談しよう。その際、サイトで実現したいことをリストにしておき、それぞれどんなイメージかをメモしておくとよい

制作者から聞かれること

どのくらいのボリュームなのか、どんなコンテンツを入れたいのか、その材料はもうあるのかなど。それによって作業量や必要なスタッフ、制作期間やコストを割り出してくれる

社内で事前に確認を

作りたいコンテンツの共有や、これまでで使ったデータがあるかどうか。編集記事を作る場合は、ライターやカメラマンを立てるかどうかの見通しを立てて確認しておく

依頼先の選び方

個人でも会社でも、基本的に費用は同等。しかし、
柔軟性や信頼性などで差が出ることがあるので、
特色や実績から、相応しい依頼先を探しましょう。

制作会社に依頼する

社内にスタッフを抱えている制作会社に依頼する場合は、営業やウェブディレクターとやり取りする。会社によってコンサルティングのノウハウを持っているところもあり、任せるうえでの安心度や信頼性は高い。ただしやり取りの回数が決まっていたりと、柔軟な対応が望めない場合もあるので注意

個人に依頼する

作りたいウェブサイトの規模によっては個人事業のウェブディレクターやデザイナーに依頼してもよいだろう。個人に頼むメリットは、デザイン表現の自由度が高かったり、対応が柔軟だったりするところ。ただし長期的な運用を考えると、他に代わりがいないという継続性の点から不安が残ることも

準備すること

既存のサイトを活用する形で、新たな依頼先に制作を外注する場合は、これまで依頼していた会社に「何のシステムを使っていたのか」「管理者のIDとパスワードは何か」などを教えてもらう必要がある。また、ウェブサイトのデータ保管を契約しているサーバーはどこか、ドメインを取得したところはどこかなどの情報も必要になるので、一連の契約内容を手元に準備しておこう

Hint ウェブサイトはデザイナーだけでは作れない

ウェブサイトはウェブデザイナーが作っているのだろうと思いがちですが、ウェブデザイナーはあくまでも見栄えの部分をデザインする役割であり、ボタンをクリックしたら別のページに飛んだり、画像がスライドしたりと、サイトの動きを作る部分は「コーダー」と呼ばれる人が担当しています。やりたいことを実現するために、デザイナーとコーダーがタッグを組んで構築していくのです。そのため、作業を進める過程で「やっぱりデザインを変えたい」「違う動きをつけたい」と話が二転三転すると、修正量が膨大になってしまいます。設計の段階でブレない完成形をイメージするようにしましょう。

13

ウェブならではのコンテンツって？

ウェブならではのコンテンツ例

印刷物と異なる点として、ウェブページ上でそのまま
アクションにつなげられること、効果的な広告や
タイムリーなプレスリリースを掲載できることが挙げられます。

ウェブショップ

製品やサービスを自社のウェブサイトで販売することが可能。カタログのように詳しくスペックを説明したり、編集記事として商品のストーリーを伝えたりすることで、購入へつながる流れも作りやすい

動画を埋め込む

YouTubeやVimeoなどの動画配信サイトで公開した動画をウェブページに埋め込んで、商品やサービスの具体的な使用イメージを紹介することが可能。埋め込み作業自体も簡単に行うことができる

問い合わせ先やFAQ

印刷物だと文字情報でしか伝えられない問い合わせ先も、ウェブサイトならタップするだけで通話につなげたり、チャットでの問い合わせシステムを設けたりなど、よりコンタクトしやすい仕組みを作れる

SNSを表示させる

広報の重要なツールであるSNS。Instagram、Facebookページ、TwitterなどのSNSとウェブサイトを連携させることで、いろいろな方向から自社や製品、サービスのことを知ってもらうきっかけとなる

ウェブでは上記のように、直接問い合わせや購買につながるコンテンツを作りやすいのが特徴です。しかし、その分盛りだくさんになりがちで、ユーザーを迷わせないサイトの構成がとても重要になります。また、ユーザー自ら「見にきてもらう」必要があるため、検索性や使い勝手も慎重な設計が必要です。

今までは、閲覧者が迷わないように、トップページから項目ごとにコンテンツページがリンクされている仕様が主流でしたが、現在では、ページを読み終えた後に関連ページがリンクされ、自然と知りたい情報にたどり着けるようにするスタイルも主流となっており、いろいろな見せ方が常に模索されています。

コンテンツを整理しよう

ウェブサイトにどんなコンテンツを入れていきたいか
具体的にイメージして階層を整理してみましょう。
全体のおおまかな作りが見えてきます。

コンテンツマップ

ウェブサイトに入れたいコンテンツを書き出したものを「コンテンツマップ」と呼ぶ。大きなカテゴリに分け、どのようにコンテンツをぶら下げていくかを図示しながらイメージを固めていく。ウェブサイトを構築する際に、あらかじめ作っておくとよい

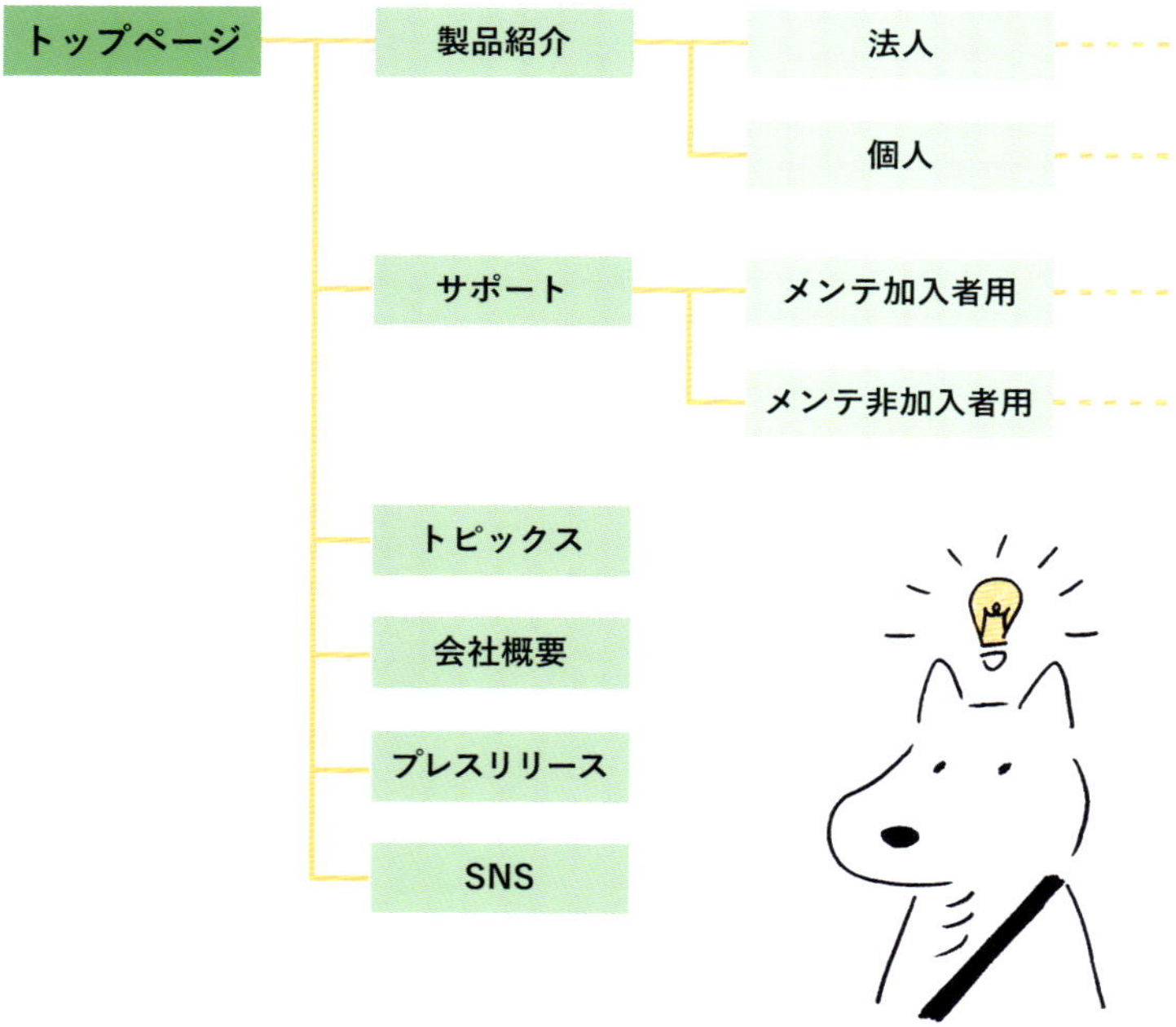

Hint コンテンツマップ作りに役立つサービス

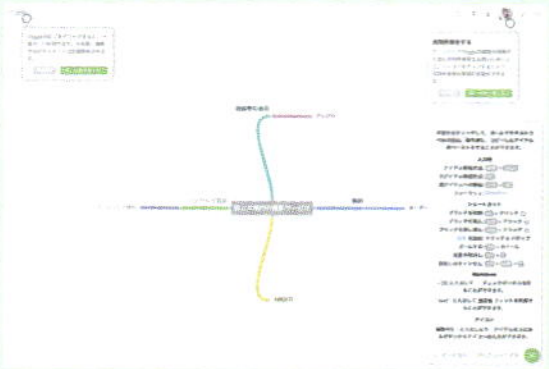

『Coggle』 https://coggle.it/

コンテンツマップのたたき台を作るときに活用できる便利なサイトが『Coggle』です。Coggleは本来、オンラインでマインドマップ（頭の中にある考えを目に見える形にする表現方法）を作成するように開発されたツールで、複数人で共有して使うことができます。見た目もすっきりしたデザインで使いやすいので、IllustratorやPowerPointで作るよりも手早くたたき台を形にできます。

14

具体的な進行を組み立てよう！

スケジュールを考えよう！

進行管理は、プロジェクト全体の
スケジュールを管理し、納期まで予定通りに
仕上げるための重要な役割です。

スケジュールを作る

項目9や10を参考にして、具体的な日程で進行を考えよう。印刷工程を除いて制作に割ける日数を確認したら、デザイン作業と校正作業に必要な日数を確保したうえで、イラストや写真、原稿素材提出の締め切り日を設定する。遅れることも踏まえて、余裕を持った締め切りを各スタッフに伝えるのがポイントだ

編集担当者としての大切な役目

制作スタッフの動きや進捗状況を把握し、スケジュールに遅れが出ないように進行を管理していくことも、編集の大切な役割の一つ

代理店などを挟まずに制作するとなると、必然的に外部スタッフを広報（編集）担当が取りまとめることとなり、同時に進行管理業務を請け負うことになります。そこで、プロジェクトの具体的な内容が決定したら、制作物の納期から制作に必要な日数を確保して各締め切りを設定しつつ、全体のスケジュールを組み立ててみましょう。こちらの希望日も伝えますが、外部スタッフの都合もヒアリングしながら、現実的に実現可能な締め切りを設定しなければなりません。

制作が進むにつれ、確認・判断しなければならないことが増えていくため、左ページで紹介するようなサービスを用いながら、効率よく視覚的に進捗状況が追えるようにしておくとよいでしょう。

便利なサービスを活用する

進行管理には、スケジュール表の共有やデータのやり取りをすぐに行えるクラウドサービスを活用しましょう。

進行管理で使いやすいサービス

デザイナーやカメラマンがデータのやり取りでよく利用するのが、クラウドサービスと呼ばれるもの。まずはアカウントを作り、関係者と共有しよう

Dropbox

クラウド上で共有フォルダを作り、データのやり取りができる。PCにインストールするアプリが使い勝手がよくおすすめ

Google

アカウントを作れば、ブラウザ上で表作成や文書作成、また共有フォルダを作成することができる

Wantedly Chat

チャットサービス。使用には賛否両論あるが、スピーディーに進行したいときにすぐ連絡が取れて便利

firestorage・ギガファイル便

メールに添付できない容量のデータを送信できる。パスワードがかけられるのでセキュリティ面も安心

Hint Dropbox の見え方・使い方

ブラウザでの見え方

自分のPCでなくてもアクセスできる。データを編集するときはデータをダウンロードする必要がある

PCアプリの見え方

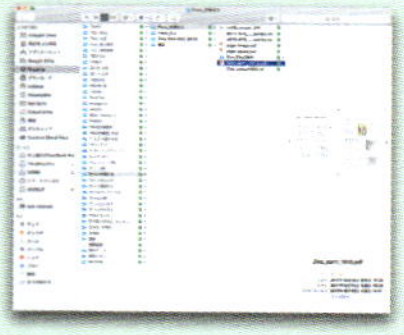

PCにフォルダとして扱われるため、直感的に操作できる。複数人が同じデータを触ることができる

スマホアプリの見え方

スマホの設定によって、メールで添付されたデータなどをDropbox上に保管することもできる

15

知っておきたい権利関係

トラブルを防ごう

制作したツールの配布や公開後のトラブルは
何としても避けたいもの。
事前に押さえておきたい権利関係を把握しましょう。

著作権を確認しよう

著作権は著作者(制作者)が持つので、デザインはデザイナーに、写真はカメラマンに、イラストはイラストレーターに著作権があることになる。そのため発注者側が二次使用する場合は注意が必要だ。制作依頼時に著作権の譲渡を前提としている場合は、発注者側に権利が発生するが、その際はきちんと書面で契約を交わすこと

商用利用を確認しよう

ウェブで公開されているフリー画像やダウンロードして使用可能なフォントなども、利用規約を見ると「商用利用は不可」となっている場合があるため、事前にきちんと確認すること。また、映像に使うのか出版物に使うのかによって使用条件や制限が異なる場合もあるので、詳細がわからなければ権利元に問い合わせよう

新規で撮影をするよりも手軽に画像が用意できるため、フリー画像やストックフォトなどのサービスを利用して写真やイラストを準備することもあるかもしれませんが、その際、その画像が商用利用可能なのかどうか、著作権はどこが持つのかなどをきちんと確認するようにしましょう。フリー画像であっても商用利用が不可であったり、作者のクレジットやコピーライトの記載が利用条件であることなどがよくあります。

権利侵害となると、最悪の場合裁判沙汰になることも。配布や公開の後にトラブルが発生することを避けるためにも、制作スタッフにすべて任せるのではなく、広報の立場からも責任を持って確認を取りましょう。

権利のあれこれ

広報物の制作に関係し得る権利を以下で紹介します。
それぞれがどんな権利なのかを把握し、
使用素材に不安を感じる場合は念入りに確認を行いましょう。

著作権

小説や楽曲、イラストなどの作品に対する作者の権利を保護する法律。アイデアに著作権は発生せず、アイデアが解説されたものは著作物となる。著作権には期限があり、作者の死後50年（法改正により70年になる可能性も）は守られている

肖像権

肖像権はプライバシー権の一部に属し、肖像が持ち得る人権のことを指す。プライバシー権は、私生活が無断で公開されたりすることのないよう法律で守られたもの。そのため、故意でなく写り込んだ人は、個人が特定できないよう処理する必要がある

施設管理権

住居などの建築物や土地、用地などの施設を所有する管理者が持つ権利のこと。施設の所有者から管理を委託された施設管理権者が権利を保有することもある。撮影などで施設を利用したい場合は、権利者に確認し、必要があれば利用料を支払う

内容に応じてかかわる その他の権利

付録などおまけをつけた場合や、虚偽・誇大広告を規制する景品表示法など、制作内容に応じて気にしたい法律がいくつかあるので、不安な場合は、社内の法務部または弁護士へ相談しよう

Hint 人にかかわる撮影は注意しよう

テレビ番組で、街を歩く人たちの顔にぼかしがかかっているようすを目にしたことがあるでしょうか。あれは肖像権に基づく処置なのですが、写真でも同様の対応が求められます。公園や道路で撮影した背景にはっきりと特定できるような人物が写り込まないよう、撮影時や校正時に注意しましょう。有名な建物の写り込みにも権利が発生する場合があるので、外での撮影の際には気をつけて。

COLUMN A

編集目線を持った いい広報さんの話

メールリリースに、人柄が 伝わるエピソードを添える

広報さんとは、電話やメールでのやり取りのみで仕事が進むこともしばしばあります。みなさんとてもテキパキしていて、短時間でスムーズに取材までの段取りを固めることができるのでありがたいのですが、やはり電話やメールのやり取りだけだと、どんな方が担当しているのかをイメージする情報が少ないですよね。そんな中、定期的に送ってくださるニュースリリースに自分のお話を少し織り交ぜる広報の方がいらっしゃいました。内容はとても些細なことで、自社製品をプライベートでどのように使っているかといった仕事にまつわることから、開催中の美術展に行った感想など、一見するとメールの本文に関係のないような小話まで。でも、機械的なリリースより、メールを書いている人の人柄が透けて見えて興味深く、その方のリリースだけは最後まで読むようになりました。情報は大切ですが、顔が見えない分、少しのコミュニケーションやユーモアも必要なのだと、こちらも勉強になりました。

編集者(20代女性)

CHAPTER 2

企画&制作準備

さぁ、制作をスタートさせよう！ となったときに
まず何から始めればよいのか、
どんな事前準備が必要なのかを解説していきます。
チームで制作をスムーズに進めるためのコツや、
アイデアを実現させるために必要となる手配ごとについても
具体的に見ていきましょう。

16

制作時にまず考えるべきことって？

メディアの“テンション”を決める

テンションとは、デザインや写真、文章など全体のノリのこと。
ファッションに置き換えると、
どんなテイストの服を着るかと同じです。

ゴージャスなドレス風？
ゆるっとしたアメカジテイスト？
かっちりしたフォーマル？
NY

実際に制作を始めると、ついどういう項目を入れるか、つまり〝要素〟ばかりを考えてしまいがちです。ところが、考えるべきは要素だけでなく〝テンション〟も大切なポイント。テンションが決まってこそ、どんな写真、イラスト、文章にするかや、人に頼む場合はどのカメラマン、イラストレーター、ライターに発注するかが決まります。テンションを決めるうえで意識するべきは、それがターゲットに合致しているかどうか。企画書に立ち返って確認しましょう。

また、入れ込む要素を決めるうえでは、絞り込むことも大切です。「編集とは削る作業である」とはよく言われますが、あれもこれも詰め込もうとせず、ターゲットにウリを伝えるために本当に大切なことは何かを考え、削ぎ落としていきましょう。

取り上げる“要素”を決める

要素とは、取り上げるコンテンツのこと。
ファッションに置き換えると、
どのアイテムを身につけるかと同じです。

何でもかんでも身につけるのではなく、必要なものを厳選することが大切

“テンション”と“要素”によって、制作物の方向性が決まる

どんなテイストの何を選んで身につけるかによって、ファッションが決まるように、制作物もテンションと要素によって方向性が決まる。企画意図とターゲットに合わせて、まずはテンションと要素を考えよう

17 わかりやすく見せるには？

視覚的にわかりやすくする工夫

パッと目にしただけでおおまかな概要を伝え、
興味を持ってもらうために、
わかりやすい「図」の要素を取り入れるとよいでしょう。

絵や写真

絵や写真を入れると、ひと目でわかりやすい。また、写真で見せることでリアリティが出るという効果も

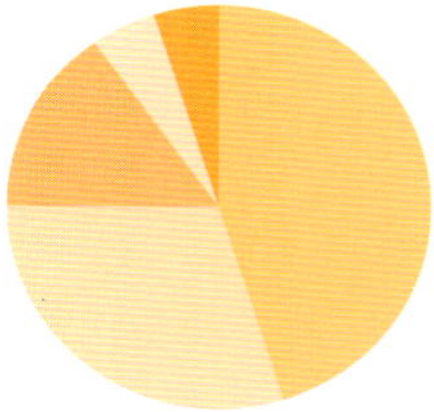

グラフや表

数字を羅列するのではなく、グラフにしたり、項目を整理して表にしたりすると目に入りやすい

お客様が紙メディアを手に取ってくれたり、ウェブサイトにたどり着いてくれたりしたとしても、それを一字一句読み込んでくれることはほぼありません。パッと見るだけ、ざっと目を通すだけの時点で興味を持ってもらうためには、視覚的に伝えることが大切になってきます。それには、写真やイラストが魅力的なだけでなく、実際に理解しやすいことも大切です。そのために意識するのは、「見る人に迷わせない」こと。読み手の立場に立って、手に取って見たときの目線の流れを確認し、わかりづらい部分や迷う部分はないかを確認しましょう。ただし、あれこれ入れすぎるとかえって見づらくなることもあるので注意を。

「食の匠」
シリーズとは？

特別な日にすぐ作れる、
スペシャル感のある食事が、
「食の匠」シリーズ。

文字のメリハリ

パッと目に入るようにしたいキャッチコピーや見出しなどは、文字の大小や太さ、フォント、色などで目立たせる

アイコン

例えばさまざまな店を掲載するとき、ジャンル分けしてアイコンを付けると、どれが何の店かわかりやすくなる

QRコード

紙メディアの場合、ホームページはURLだけでなくQRコードや検索ワードも併記するとよい

地図

今やスマートフォンのマップを使う人が多いとはいえ、紙メディアのときはパッと見で距離感や位置関係が伝わったほうが親切

Hint “おばあちゃん”でも理解できる紙面作りを！

若者向けの媒体は別として、さまざまな年齢層の人が見るメディアを作るとき、基準にするのは「自分のおじいちゃん、おばあちゃんが見ても理解できるか」。漠然と「わかりやすく」と考えるよりも、具体的な人物を思い浮かべることによって、丁寧な紙面作りができるようになります。特にわかりやすさを求められるメディアの場合は、見せ方、言葉遣い、デザインなどすべてを、“おばあちゃん”目線でチェックしましょう。

18

心に残るのは個人的なストーリー

商材を扱う企業や団体の側から、その商材の魅力を並べ立てられると、〝宣伝〟として押し付けがましく感じたり、嘘くさく思えたりしがちです。ところが、例えばその商材の作り手がどうしてその仕事にかかわり、どんなこだわりや思いを持ってそれを作っているか、といった個人的なストーリーは、共感して受け止めることができます。この場合、その作り手が著名人であるかどうかよりも、正直で真実味のあるストーリーであるかのほうが大切です。失敗談や裏話など、あえて表に出さないようなことこそ、実は人の心を動かすこともあるのです。ただし、独りよがりの自慢話はかえって逆効果なので、気をつけましょう。

個人的なコメントを採用する

担当者の個人的な思いや感想、お客様の声などがあると、説得力が増します。
また、よいことだけを書くよりネガティブな面も入っていたほうが、
リアリティがあります。

Premium
SPECIAL
Premium DOGFOOD
□□□□はここが便利！欲を言えば、もっとこうなったら嬉しい
△△△△を自宅で使ってみたら、ここはすごくよかった。この部分はまだ改善の余地アリかな
○○○○○の開発で苦労したのはココ。譲れない部分だから試行錯誤を重ねました

個人的なストーリーを入れ込む

商材にかかわる人の中で、熱い思いを持っている人や、
正直に話してくれる人を探して、
個人的な思いや失敗談なども含めて話してもらいましょう。

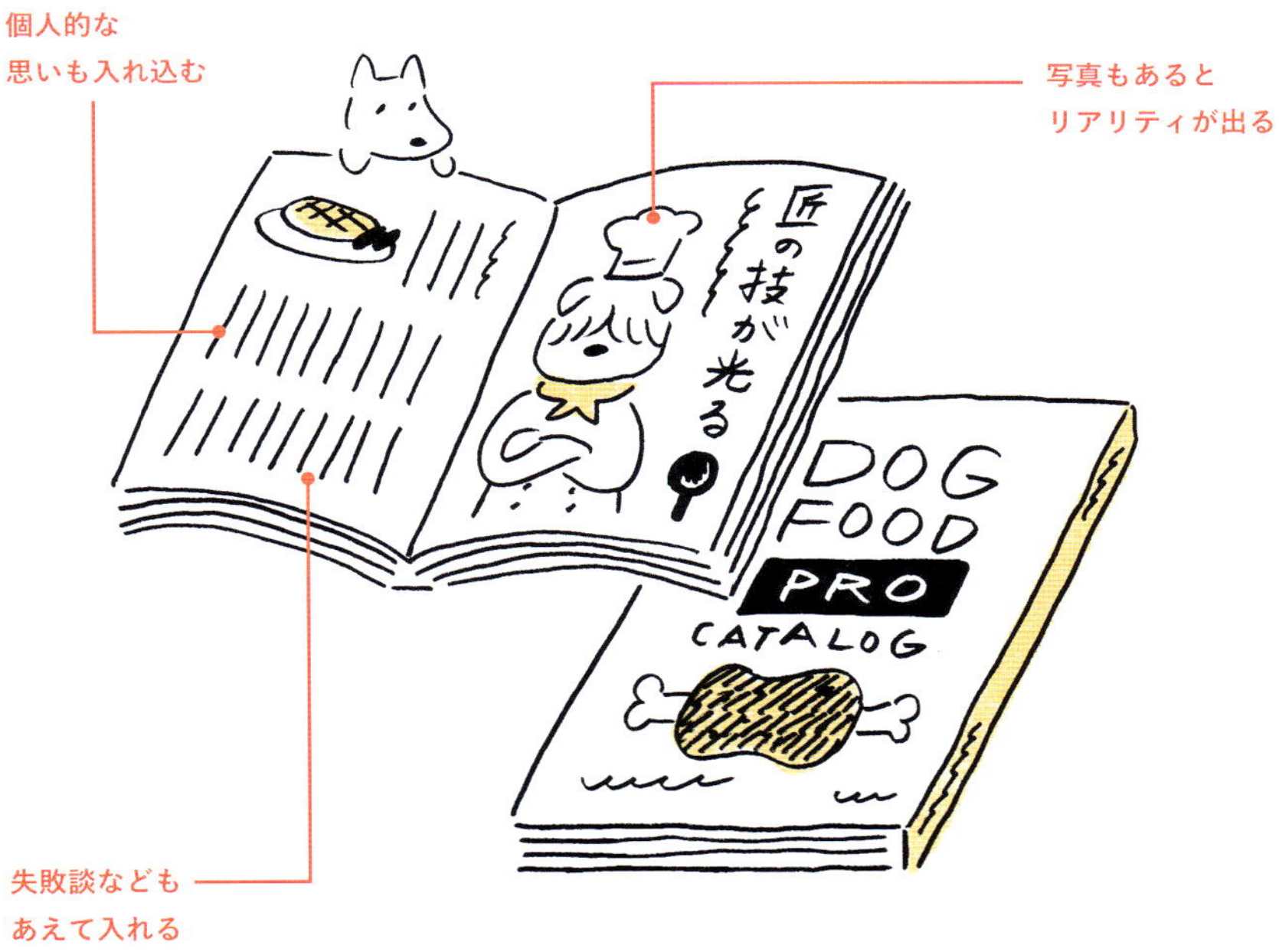
個人的な
思いも入れ込む
写真もあると
リアリティが出る
匠の技が光る
DOG
FOOD
PRO
CATALOG
失敗談なども
あえて入れる

Hint 広報担当本人が登場するのもアリ

小規模な会社や団体、店の場合、メディアに登場してもらう適任者がいなかったり、いても出てくれなかったりということもあるでしょう。その場合は、メディアの制作担当者本人が、紙面やウェブなどにキャラや顔を出すという方法もあります。例えば、自分がナビゲーターとして会社の案内や商品の紹介をしたり、自分自身の商品に対する思いを込めた熱い文章を書いてみたり、SNSを一人称で運営したりなど。自分自身もまたメディアの登場人物として、うまくプロデュースしましょう。

ウザく
ならない
程度にね！

19

スタッフ全員でイメージを共有するには？

企画の詰め作業の流れ

企画書

企画内容を、アイデアレベルからビジュアル化・文字化して、企画意図を明確にする

台割・構成

それぞれの内容のページボリュームと順番を考え、骨子を決める

サムネイル（冊子の場合）

各ページの見せ方をざっくり考え、全体のバランスを見る

取材前ラフレイアウト

実際にどんな写真やイラスト、文字原稿を入れるかを具体的に考える

取材・撮影・素材手配

ラフレイアウトに沿って作業を進める。作業を進める中での変更もあり

いくら、編集担当の頭の中に素晴らしいアイデアがあったとしても、それを形にできなければ、ないものと同じです。特に複数のスタッフで作業を進める場合、それぞれの頭の中にあるイメージを目に見えるものにして共有できなければ、共通認識を持って作業を進めることができません。そこで必要な作業が、企画書に続く、台割、サムネイル、ラフレイアウトを作成することです。これは編集担当自身が行う企画の詰め作業であると同時に、他のスタッフとイメージを共有するための作業でもあります。従って、誰が見てもわかりやすく、同じ内容をイメージできるものであることが大切です。人に伝わる書き方を考えましょう。

台割・構成の作り方

台割とは、冊子の各ページのコンテンツがわかるように一覧にまとめたもののこと。

Excelで作る方法が一般的です。ウェブの場合、何ページもあるようなら、構成図を作成します。

この場合はPowerPointを使用することが多いです。

冊子の場合

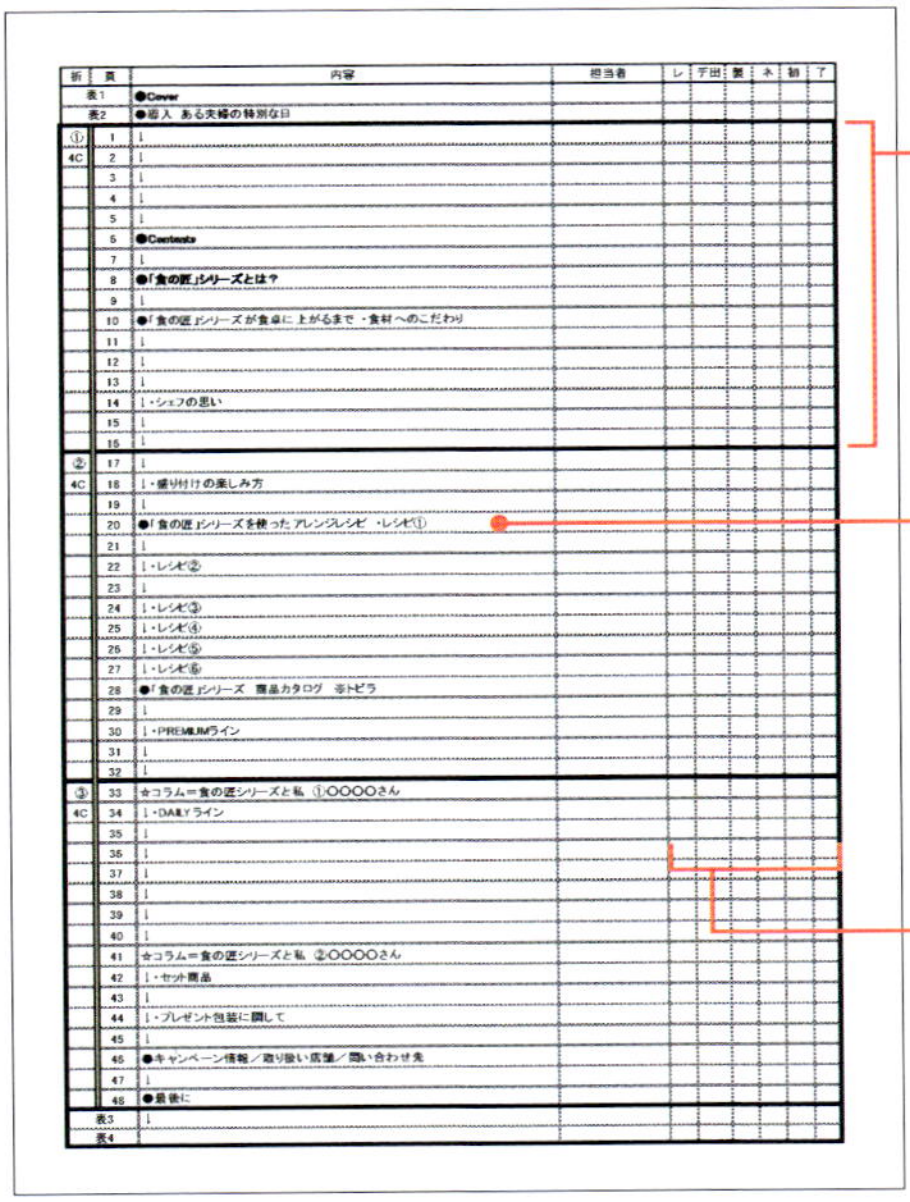

折	頁	内容	担当者	レ	下出	製	ネ	初	了
表1		●Cover							
表2		●導入 ある夫婦の特別な日							
①	1	↓							
4C	2	↓							
	3	↓							
	4	↓							
	5	↓							
	6	●Contents							
	7	↓							
	8	●「食の匠」シリーズとは？							
	9	↓							
	10	●「食の匠」シリーズが食卓に上がるまで ・食材へのこだわり							
	11	↓							
	12	↓							
	13	↓							
	14	↓・シェフの思い							
	15	↓							
	16	↓							
②	17	↓							
4C	18	↓・盛り付けの楽しみ方							
	19	↓							
	20	●「食の匠」シリーズを使ったアレンジレシピ ・レシピ①							
	21	↓							
	22	↓・レシピ②							
	23	↓							
	24	↓・レシピ③							
	25	↓・レシピ④							
	26	↓・レシピ⑤							
	27	↓・レシピ⑥							
	28	●「食の匠」シリーズ 商品カタログ 赤トビラ							
	29	↓							
	30	↓・PREMIUMライン							
	31	↓							
	32	↓							
③	33	☆コラム＝食の匠シリーズと私 ①○○○○さん							
4C	34	↓・DAILYライン							
	35	↓							
	36	↓							
	37	↓							
	38	↓							
	39	↓							
	40	↓							
	41	☆コラム＝食の匠シリーズと私 ②○○○○さん							
	42	↓・セット商品							
	43	↓							
	44	↓・プレゼント包装に関して							
	45	↓							
	46	●キャンペーン情報／取り扱い店舗／問い合わせ先							
	47	↓							
	48	●最後に							
表3		↓							
表4									

製本時に、1枚の大きな紙を八つ折りにして16ページの形にすることが多いため、その単位ごとに区切る。この16ページの単位を「折」と呼ぶ

企画の区切りがわかりやすいよう、仮の見出しを入れる。この時点で、どのページにどんな要素が入るのかまで、具体的にイメージしておく

各セルに色を塗るなどして、進行状況がひと目でわかるようにする

ウェブの場合

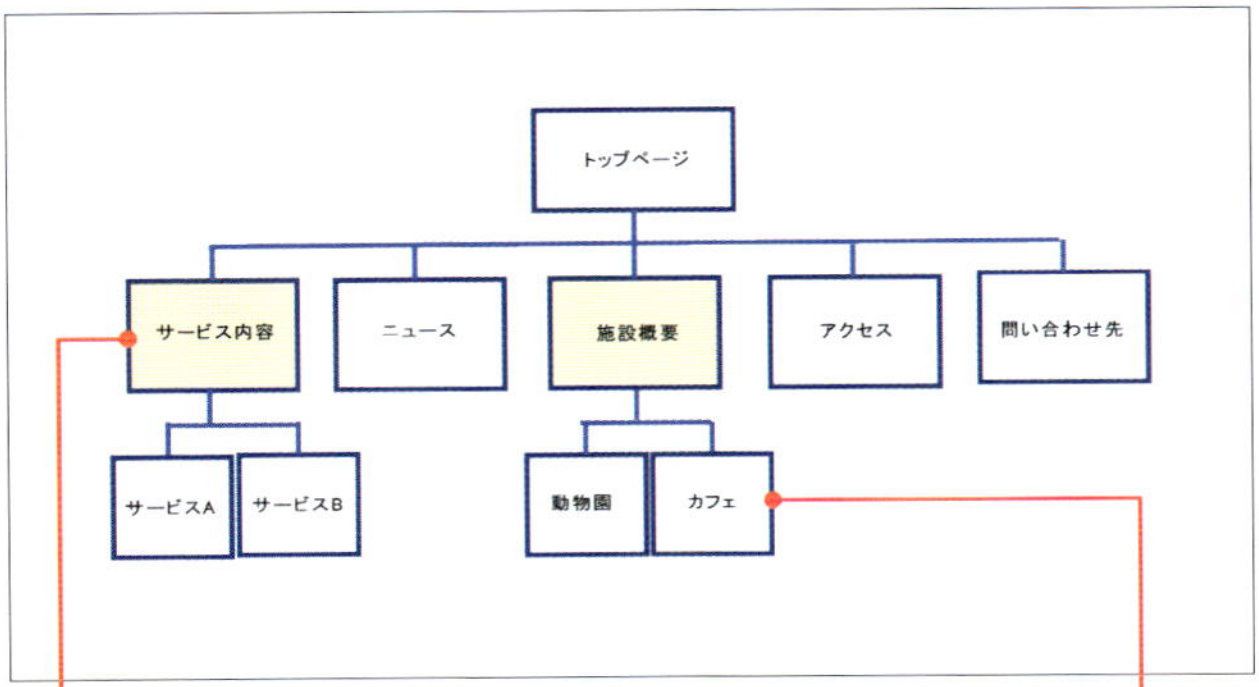

横並びの階層でも、重要なページはどこなのかをはっきりさせておくとよい

あまり階層を深くしすぎない。最近はシングルページと呼ばれる、1ページで完結するウェブサイトが流行。情報が厳選され整理されている、スマホでも見やすいといったメリットがある

サムネイルの書き方

冊子を作る場合は、台割作成の前後に、冊子全体の並びやバランスを確認するために、どの見開きに写真・イラスト・文章がどれくらい入るかを一覧できるものを作ることがあります。この縮小見本をサムネイルと言います。

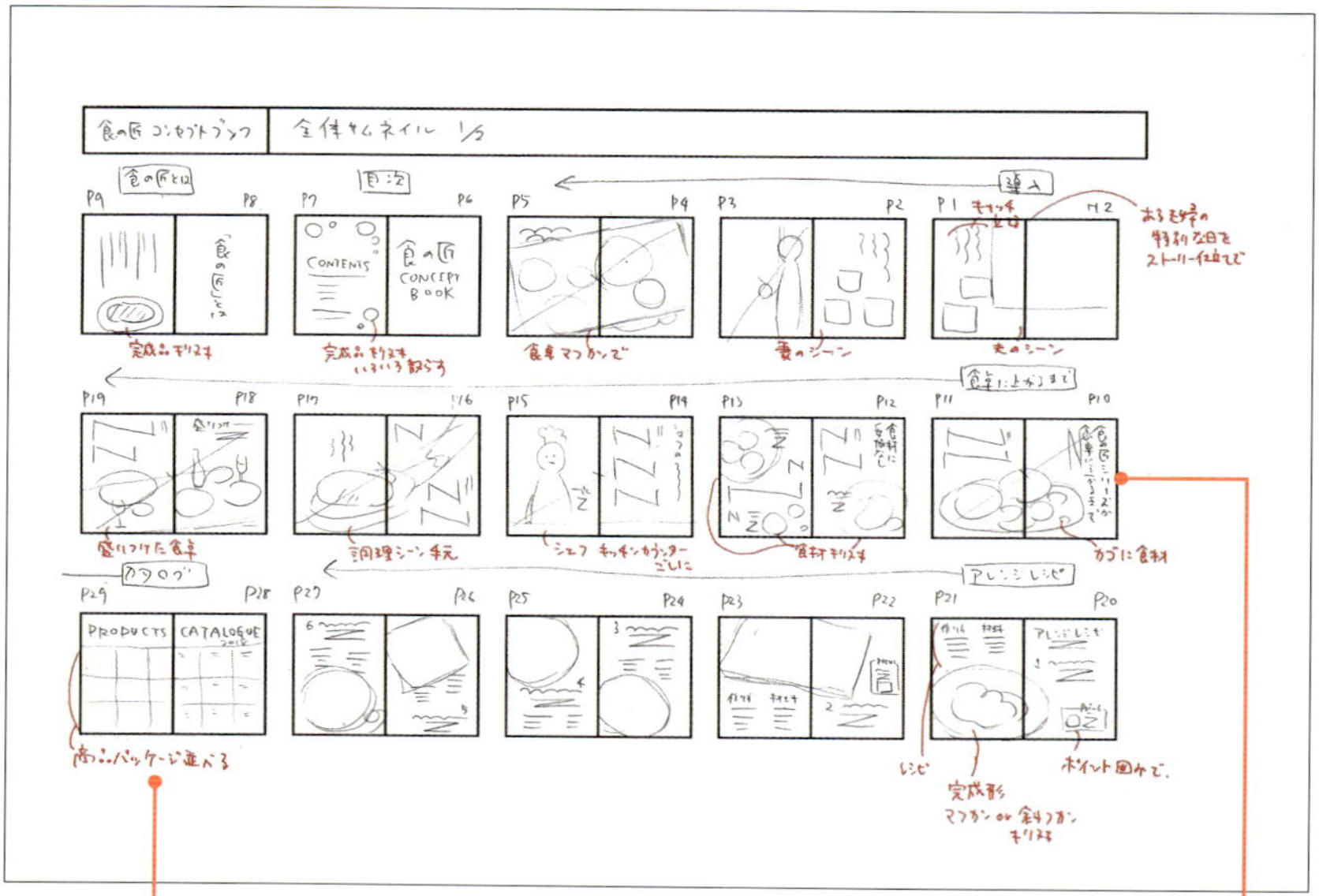

必要な場合は補足説明を入れる

写真・イラスト・文字のサイズとボリュームがわかるように書き、見せ方が単調になっていないか、メリハリはあるかなどを確認する

Hint 資料は手書きか、パソコンで作るか？

最近は、PowerPointなどを使ってサムネイルやラフレイアウトを作る人も少なくありません。ところが、PowerPointの無機質な線だけでは、紙面をイメージしづらいこともあります。また、例えば仮の写真やイラストをウェブから引っ張ってきて入れたり、実際にPowerPointでレイアウトしてしまったりすると、逆にスタッフがそのイメージに引っ張られすぎる危険性があります。ラフレイアウトでは、伝えたい理想のイメージが伝わればよく、細部はかえって曖昧なほうが、各スタッフが想像力を働かせ、イメージを膨らませやすい面もあると思います。サムネイルやラフは、手で書いてみることをおすすめします。

PowerPointでラフを書く方法もある

ラフレイアウトの書き方

ラフレイアウト（ラフ）とは、どこにどんな写真やイラスト、文字が入るのかを、実際の紙面をイメージして書いたもののことです。素材手配前に書くラフのことを、デザイナーに渡すラフと区別するために「前ラフ」などと言い分けることもあります。

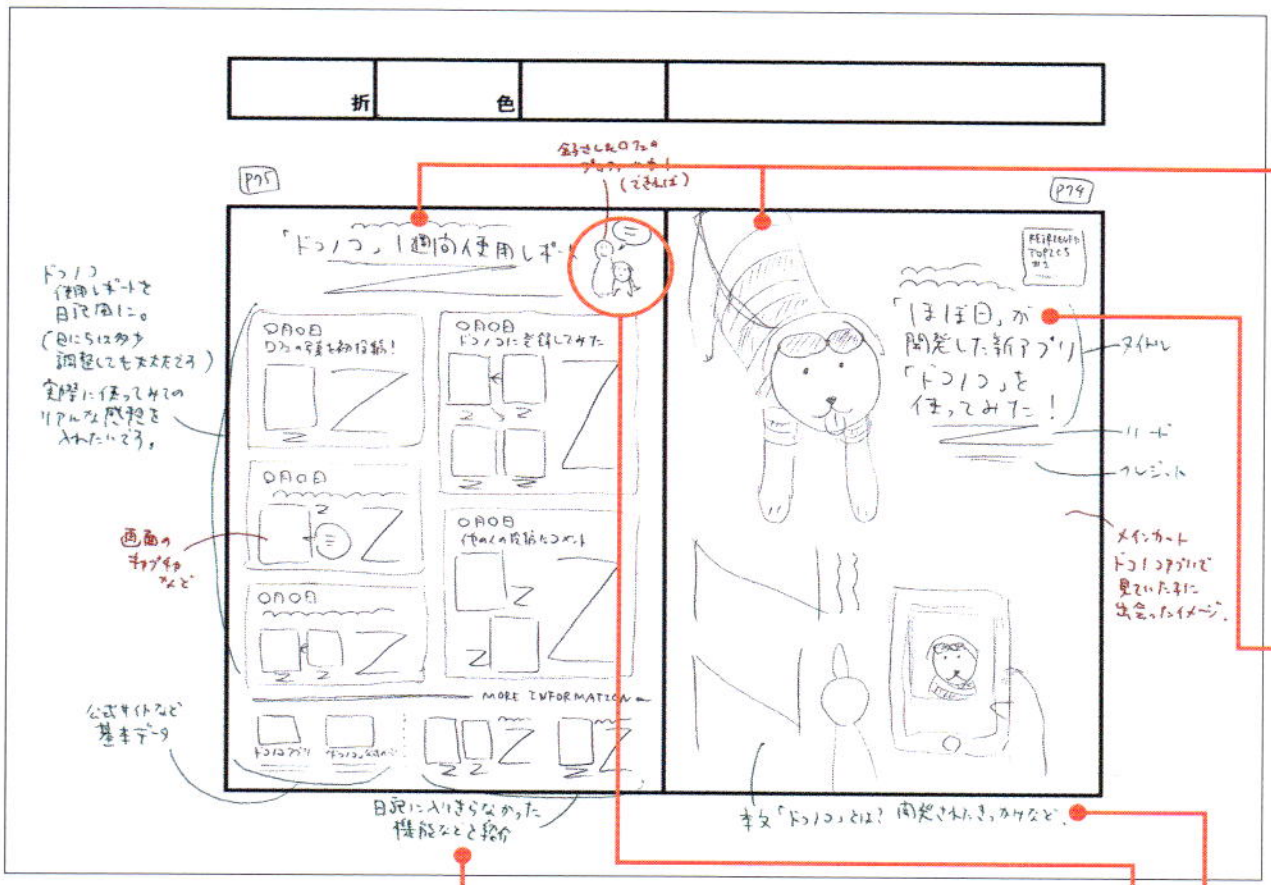

紙媒体の場合

大きくするもの、小さくするもののメリハリをはっきりつけるのがコツ。ここでは右ページは全面写真、左ページは情報をぎっしりと入れ、差をつけている

アイキャッチ（見る人の目を引く素材）から書き始めるのがコツ。大きく使う写真に関しては、どんな要素がどんなノリで入るのかも伝わるように書き込む

文字原稿の内容をメモ書きしておく

切り抜き写真を入れることで、目線を引くとともに、紙面に動きを出す

情報はまとめて掲載する

ウェブの場合

ウェブでは紙ほどスペースの割り方を厳密に考える必要がないため、PowerPoint や Word などを使って作成する場合が多い

Hint オンラインで最新状況を共有する

最近は、アプリケーションを使って、オンラインで最新の文書やデータを共有しながら作業を進めるのが一般的になってきました。Excel ファイルが使える「Google スプレッドシート」で台割と進行状況を、Word ファイルが使える「Google ドキュメント」で企画内容を、あるいは Dropbox で画像などの素材を共有するなどです。ただし、いろいろなアプリを併用しすぎると、何がどこにあったのかわからなくなり、混乱を招きます。自分たちにとって必要なものを選択して、無理なく使いましょう（詳細は P35 へ）。

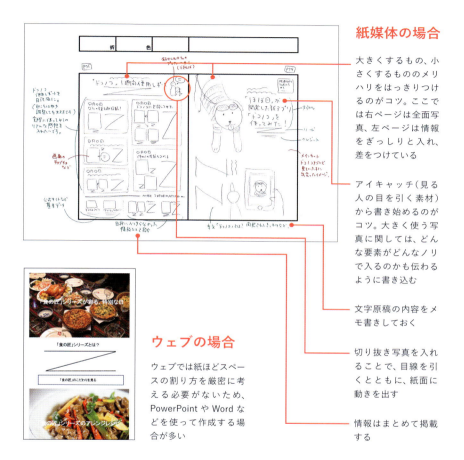

20 カメラマンってどう探すの?

得意なジャンル・被写体やテイストをチェック

その人の得意なジャンル・被写体やテイストを、
個人サイトやポートフォリオ(作品集)で確認しましょう。

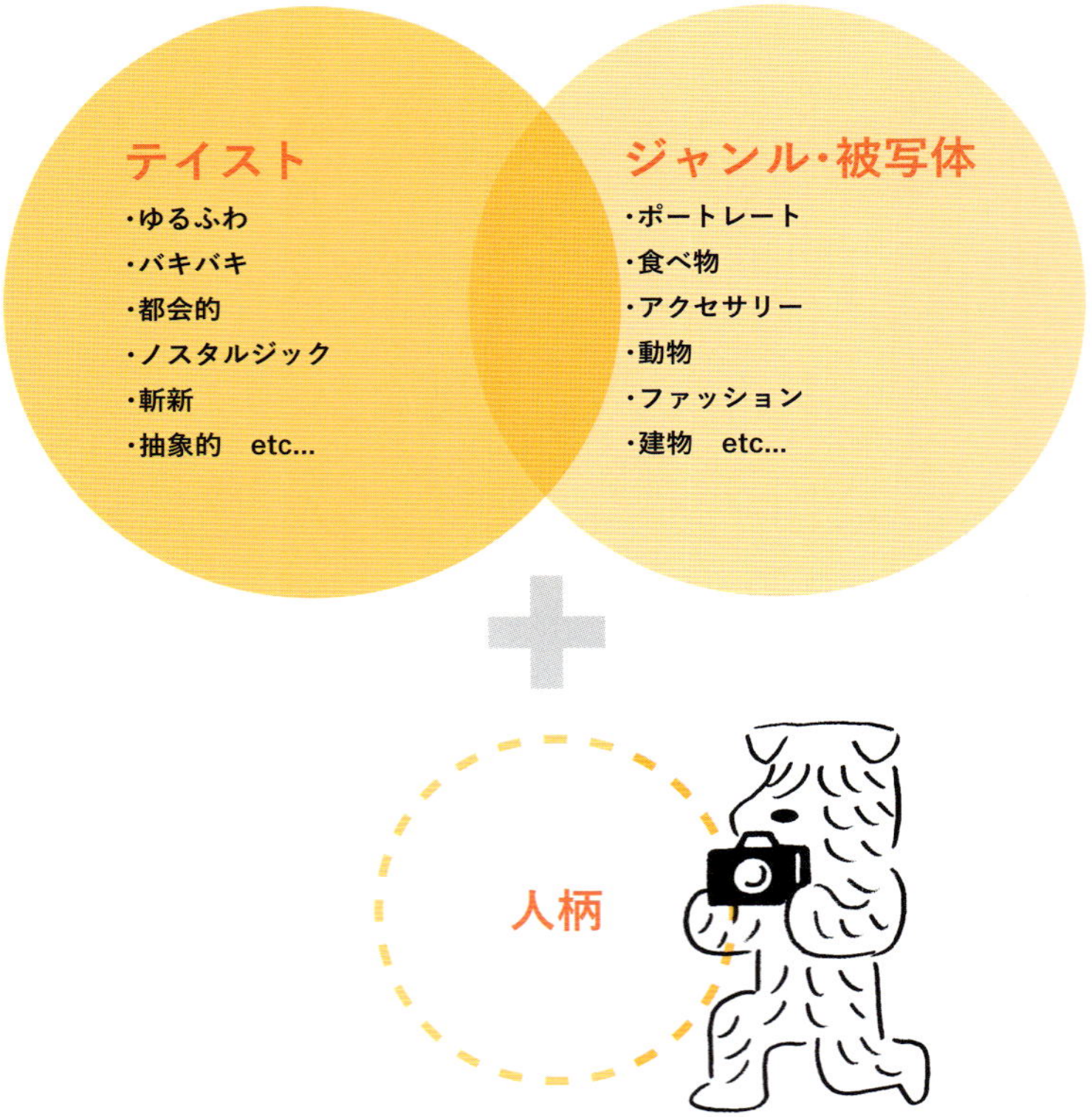
テイスト
・ゆるふわ
・バキバキ
・都会的
・ノスタルジック
・斬新
・抽象的　etc...
ジャンル・被写体
・ポートレート
・食べ物
・アクセサリー
・動物
・ファッション
・建物　etc...
人柄

写真撮影を生業とする人は、カメラマンと写真家の二つに大きく分けられます。一般に〝カメラマン〟と呼ばれる人たちは、クライアントの要望に応じて臨機応変に撮影してくれ、最近は動画撮影もできるカメラマンがいます。それに対して〝写真家〟は、自分の作品制作をメインとするアーティスト寄りの人たちで、その人ならではの持ち味を生かして撮影してほしいときに頼むと効果的です。どちらも得意なジャンル・被写体やテイストがあるので、その人の個人サイトやポートフォリオなどを見て、依頼したい内容と合致しているか確認を。打ち合わせ時には、本人の人柄や雰囲気が撮影現場と合うかも、イメージしてみましょう。

カメラマンの探し方

カメラマンを探す方法には、
他の媒体などを参考にして適任者を見つけ出す方法と、
人に相談して紹介してもらう方法があります。

雑誌を見る

制作物のイメージに近い雑誌の中で、いいなと思う写真を探し、クレジットをチェック（P117参照）。名前で検索して、個人サイトなどから連絡しよう

紹介してもらう

デザイナーやライターに制作を頼むのであれば、適任者を知っているか聞いてみよう。他業界の友人・知人に聞くという方法もあるが、その企画に適任かどうかは自分で判断を

カメラマンを抱える事務所に相談

カメラマンを複数抱えている事務所に相談すれば、企画に合う人を紹介してもらえるだろう。ただし、その腕前は事務所によっても異なるので、ポートフォリオなどを見せてもらってチェックしよう

ネット上で探す

カメラマンはだいたい個人サイトを持っているので、ネットで検索して地道に探すという方法もなくはない。ただ、その腕や人柄は未知数だ

Hint 条件を入力して検索できるサイトもある

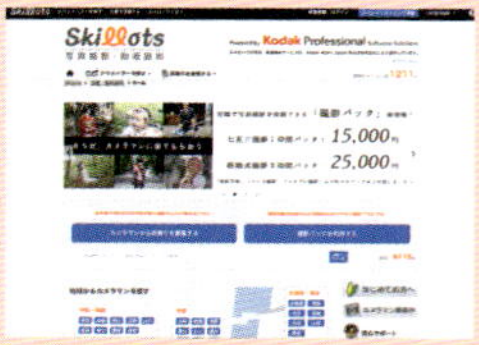

どう探してよいかまったくわからない人にとって使えそうなのが、外注スタッフを探している人と仕事を求めている人をつなぐサイト『スキロッツ』。写真や動画を撮影してくれるカメラマンを、活動エリアやスケジュール、キーワード、料金、得意分野などから検索できます。

「頼みたい」と「頼まれたい」をつなぐソーシャルサービス『スキロッツ』
http://www.skillots.com/

21 ロケの場所ってどう決めるの？

確認すべき条件とは？

光

光の向きや量、種類などは、撮影するうえでもっとも大切なポイント。求める光によって、撮影の時間帯も考慮しよう

写り込むもの

求めるイメージに近いロケーションを探すのが第一。逆に、余計なものが写り込まないかもチェック

引きがあるか

広さとも関係するが、撮影者が被写体から離れられないと、使えるレンズや構図が限られてしまう

広さ

撮影内容にもよるが、狭い場所だと、動きづらい、余計なものが写り込む、バリエーションが出しにくいなどのデメリットがある

例えば海をバックに気持ちのよい写真を撮りたいとか、おしゃれな美術館で撮影したいなど、完成形のイメージによって撮影場所を選ぶことがあるでしょう。スタジオなどでセットを組んで撮影する方法に対して、外に機材を持ち出して撮影することをロケ（ロケーション撮影）と言います。

どこでロケをするかは、どんなイメージで撮りたいか次第です。撮影をお願いするカメラマンや、地元の観光課など詳しい人に相談する方法もあります。公共の場所で撮影する場合、人の多い時間帯を避けるといった配慮も必要です。最終決定する前にカメラマンに相談して、カメラマン目線での意見も聞きましょう。

撮影許可の取り方

商用目的の撮影に関しては、撮影する場所の許可が必要になります。
許可が下りるのに時間がかかることもあるので、
早めに手続きをしておきましょう。

私有地
（店舗や施設など）

基本的にはその土地の所有者または管理者に連絡をし、条件を確認して許可を取る。有料の場合や、三脚、レフ板などの使用に制限がある場合も

道路

所轄の警察署に道路使用許可を取る。道路使用許可申請書、企画書、地図、道路の使用方法を示した図面などの必要書類を、警察署に直接提出し、道路使用許可証が発行されたらまた受け取りに行く必要がある。申請から許可までに通常1週間ほどかかり、申請手数料が必要

公園

国や自治体が管理する公園なら、ウェブサイトで管理部署と連絡先を調べて許可を取る。使用料は低額の場合が多いが、申請から許可までに1週間ほどかかることも。また、東京都立公園の場合、土・日・祝日の撮影は許可が下りないことが多い

海や山など

管理する自治体等によって異なり、撮影許可申請が必要な場合や、特に許可が必要ない場合もあるので、まずは問い合わせを

Hint ドローンでの撮影許可は？

近年、人気上昇中のドローン（無人航空機）での撮影に関しては、2015年12月に改正された航空法によってさまざまな規制があります。多くの場合、航空法に基づく飛行許可申請が必要で、オンライン（https://www.dips.mlit.go.jp/）でも申請可能です。ただし、この手続きにはいくつか条件があるため、DPAなど民間の認定資格を持ったドローンカメラマンに依頼するとよいでしょう。

22

撮影スタジオを使いたい

確認すべき条件とは？

光

ハウススタジオの場合は、どの時間帯にどの向きでどのくらい自然光が入るのか、確認を

広さ

写る場所だけでなく、カメラマンが下がって撮影できる引きがあるかもチェック。必要ならメイクルームの有無も見る

家具・小物

ハウススタジオに置かれている家具や小物も使いたい場合、何があるのかを確認しておこう

テイスト

ハウススタジオの場合、ナチュラル、ゴージャス、北欧などそれぞれテイストがあるので、イメージと合うかも重要

機材

カメラマンがストロボやスタンドを借りる場合や、背景に使う布や板を借りたい場合は、機材と料金をチェック

おしゃれな室内で撮影したいとか、真っ白な背景で凝ったライティングをして撮影したい場合、撮影スタジオを使うのは一つの選択肢です。撮影スタジオの使用料は高額ですが、光の入り具合が考えられていたり、一つの室内に複数の床材・壁材を採用していたり、小物が用意されていたりと、撮影しやすい環境が整えられています。メイクルームやアイロン、飲み物、出前のメニューなどを用意しているところもあります。

スタジオを探す場合は、必ずカメラマンにも相談・確認をしましょう。ハウススタジオの場合は、決定前に下見をしたり、事前にロケハンをしておいたりすると、当日スムーズに撮影を進められます。

スタジオの種類

撮影内容やイメージによって、スタジオを選びます。
人気のところは予約で埋まってしまうこともあるので
撮影が決まったら早めに予約しましょう。

キッチンスタジオ

ハウススタジオの一種で、使用可能なキッチンや調理器具がついており、料理の撮影に適した環境が整っている

ハウススタジオ

家の中のようにインテリアがセットされたスタジオのこと。庭付き一軒家やマンションの一室など、さまざまなタイプがあり、設置されている家具も多様

ホリゾントスタジオ

背景となる白い壁と床の境目がわからないように、緩やかな曲線でつながっているスタジオのこと。背景を白など一色にしたいときに使う。「白ホリ」とも呼ぶ

物撮り用スタジオ

小さめのアイテムを撮影するのに使える環境が整ったスタジオのこと。比較的狭いけれど安価なスタジオもある

最近は
コスプレイヤー向けの
安価なスタジオも
あるよ！

Hint 撮影可能なレンタルスペースを使う手も

予算がなくてスタジオを借りられないけれど、スペースが必要なときは、撮影可能なレンタルスペースを借りるという方法もあります。『スペイシー』や『スペースマーケット』といったサイトを使えば、条件を入力して検索することができます。

『スペースマーケット』 https://spacemarket.com/

23 ロケバスを利用する

普通のバスとどう違う？

テレビ局はロケバスを所有しているところが多いですが
ロケバスと運転手を派遣してくれるロケバス会社も数多くあります。
ちょうどよいサイズや設備、価格設定のものを探しましょう。

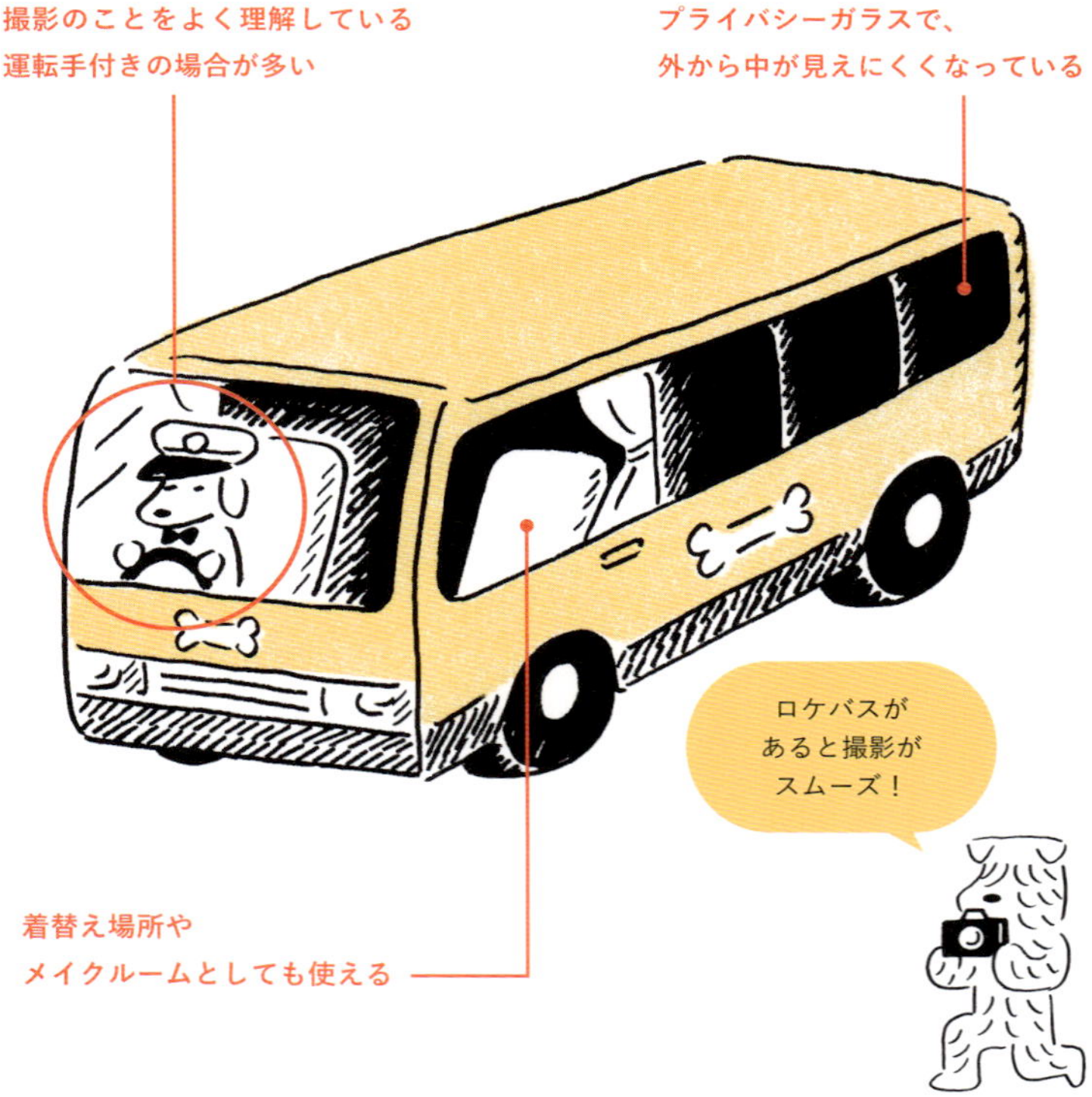
撮影のことをよく理解している
運転手付きの場合が多い
プライバシーガラスで、
外から中が見えにくくなっている
ロケバスが
あると撮影が
スムーズ！
着替え場所や
メイクルームとしても使える

何カ所か場所を移動しながら撮影するとき、特に芸能人やモデルなどを起用した撮影のときは、予算に余裕があればロケバスを手配すると便利です。編集者という立場は何かと雑用が多くなりますが、全体をディレクションするポジションでもあるだけに、撮影現場を離れることができません。ロケバスを頼むと、単に車と運転手を用意してくれるだけでなく、撮影スタッフの食事や飲み物の用意や、撮影時に必要な備品の手配、ヘアメイクや衣装管理のための設備の準備など、撮影前日から当日までの雑用も代行してくれます。ロケバスのスタッフは撮影に慣れていることが多いため、予算を伝えていろいろ相談に乗ってもらいましょう。

ロケバスを使うメリット

ロケバス会社は、バスと運転手を派遣してくれるだけではありません。
特に人手が足りないときや、当日のスケジュールに余裕がないときは
ロケバスを使うとかなり楽になります。

運転を頼める

スタッフの一人が運転すると、駐車場を探して停めなければいけないが、ロケバスなら撮影場所の近くでさっと降りて、そのまま撮影に入れる

荷物や人がたくさん乗せられる

バンやマイクロバスタイプのものが多く、スタッフや荷物が多いときにも、一度に移動することができる

弁当などの手配を頼める

朝早い撮影時に朝食を用意してもらったり、昼食用に予算に合わせてロケ弁を手配してもらったりもできる

中でヘアメイクや着替えができる

大きめのロケバスの場合、メイク台や姿見、電源などが付いていることが多く、メイク場所や着替え場所に悩まずに済む

オプションで備品を頼める

発電機やタープ、クーラーボックス、折り畳みテーブル＆イス、日傘など、撮影で必要になることがある備品をオプションで用意していることが多い

撮影コーディネートまでしてくれる会社も

ロケ場所のリサーチやロケハン、撮影許可取りなど、コーディネートまで代行してくれるロケバス会社もある

24 モデルさんに出演してもらうには

モデルにもいろいろいる

ひと口にモデルと言っても、ファッションモデルだけでなく、
赤ちゃんやシニア、手や足などパーツだけのモデルまで、実にさまざまな人がいます。
モデル事務所にもそれぞれ得意分野があるので、
どんな人に出演してもらいたいのか、条件を整理して探しましょう。

外国人・ハーフのモデルも！
Hi!
赤ちゃん・子どものモデルも！

モデルを探す場合、最もオーソドックスなのは、モデル事務所のポートフォリオをチェックして、条件やイメージに合う人をピックアップしてオファーする方法です。ハーフや外国人モデルが多い、ファッション雑誌に強いなど、条件に合うモデルを多く抱えている事務所に相談するという方法もあります。特に著名な人に依頼したい場合は、その人を中心にスケジュールを組み立てる必要があり、モデル側からカメラマンやヘアメイクの指名が入るケースもあるので、早めに交渉しましょう。また、例えば赤ちゃんやペットなどのモデルを探す場合は、プロにこだわる必要はないので、ネットなどを使って広く募集することによって、話題性を持たせるという手もあります。

決めておきたい条件

最低限の条件を決めたうえで、候補を複数ピックアップし、
カメラマンやスタイリストなどスタッフとも相談しましょう。
ちなみに、プロのモデルをお願いする場合は、必ずプロカメラマンに依頼を。

ハーフのモデルさんは特に人気があるよ！

年齢・性別

年齢層と性別は、最低限決めておきたい条件。それによって、依頼する事務所も変わってくる

体形・雰囲気

人種、マッチョや背が高いなどの体形、ゆるふわやミセス風などの雰囲気等、希望があればできるだけ具体的にしておく

特技・趣味

例えば、運動シーンを撮影したい、楽器を弾いてほしい、犬の扱いに慣れている人がよいなど、具体的な希望があればまとめておく

得意ジャンル

ファッション、広告、フィットネスなどのジャンルや、静止画か動画かなど、どの分野に長けた人に依頼するかをあらかじめ決めておく

Hint 全国から条件に合うキャストを探せるサイトも

CLOUDCASTING

ウェブ上のキャスティングサービス『クラウドキャスティング』では、年齢や身長、性別、キーワードで検索したり、外国人・ハーフ、ミセス、インスタグラマー、ライターといったジャンルから選んだりして、全国のプロや素人のモデルを指名オファーできます。また、例えば何百人のキャストを一度に集めるなどの募集オファーも可能です。

『クラウドキャスティング』 https://cloudcasting.jp/

25 ヘアメイクさんに頼みたい

大きくは二つのジャンルに分かれる

ヘアメイクの仕事にもさまざまなジャンルがありますが、
大きくは以下の二つの方向性に分けられます。

ハイファッション系

アートや特殊メイク、モード系ファッションなど、日常的な化粧とは異なる、インパクトのあるヘアメイク

ナチュラル系

一般的なファッション雑誌や広告、映像などで見られるような、ナチュラルに見えるヘアメイク

こちらが使用頻度高し！

ヘアメイクアーティストとは、著名人やモデルなど、出演する人物へのヘアセットとメイクアップを行う人です。ヘア専門、メイク専門と分かれている場合もありますが、ナチュラル系のヘアメイクなら大抵は一人に両方をお願いします。依頼するときは、ページのラフレイアウトを見せるなどして、写真のイメージやどのようなヘアメイクをしてもらいたいのかをはっきり伝えましょう。

著名人やモデルを起用する場合、特に女性はヘアメイク必須になる可能性が高いです。ただし、どうしても予算がない場合は、自身でヘアメイクをしてもらえないか相談することもあります。その場合は、著名人・モデルに依頼するタイミングで、条件として伝えておきましょう。

ヘアメイクアーティストの探し方

ヘアメイクアーティストの実力を判断するのは
なかなか難しいものがあります。
人からの紹介が最も確実でしょう。

ヘアメイク専門学校の
学生さんに安く
依頼する方法も…

カメラマンからの紹介

人物撮影の多いカメラマンなら、撮影現場でヘアメイクアーティストと一緒になる機会が多いため、紹介してもらうとよい

著名人・モデルからの指名

著名な俳優やモデルなどに出演を依頼する場合は、懇意にしているヘアメイクアーティストを指名されることもある

事務所に紹介してもらう

ヘアメイクアーティストが複数所属している事務所に相談して、適任者を提案してもらうのも、確実な方法だ

ネットで探す

フリーランスのヘアメイクアーティストも多く、個人のサイトから探すこともできるが、ポートフォリオを見て実力を判断するのはなかなか難しい

Hint ヘアメイクを指名や募集できるサイト

ヘアメイクアーティストを探せるサイト『Who's Who』は、活動エリアやジャンル、ヘアメイク歴などからヘアメイクアーティストを検索できる他、条件を提示してヘアメイクを募集することもできます。ヘアメイクを探す糸口が見つからない人は、のぞいてみるとよいでしょう。

『Hair & Makeup Who's Who』　http://hairmakeup.kizuna-pro.com/

26

小物を絡めたいけど、センスが心配……

スタイリストとは

撮影のための小物や衣装などを集めて、コーディネートする人のこと。
おしゃれにしたいけれど自信がない場合には、
お金を払ってプロに頼むのがいちばんです。

この服と
組み合わせるには、
どれがいいかしら…
NY
S

写真をイメージ通りにセンスよく仕上げるには、カメラマンの腕はもちろんですが、写真に写り込む小物や出演者の衣装なども、大切な要素の一つです。しかし、自分のセンスに自信がない場合は、小物や衣装などを集めてコーディネートしてくれるプロ、すなわちスタイリストに頼むことができます。とはいえ、広報担当がページのラフレイアウトを見せるなどして、イメージを伝えることは必須です。

スタイリストはなかなか見つけにくいですが、ヘアメイクアーティスト同様、カメラマンに紹介してもらう、スタイリストを複数抱える事務所に相談するといった探し方があります。著名人の撮影では、衣装を決めるスタイリストを指名されることもあります。

スタイリストの仕事の種類

スタイリストといってもさまざまな仕事があり、
特にフードスタイリストは一つの専門分野として確立されています。
ファッションや小物のスタイリストは、スポーツ系、モード系、ストリート系など
ジャンルによって得意分野があることが多いです。

フードスタイリスト

撮影に使う料理を準備し、器、テーブルクロス、花などのテーブルセッティングの演出を行う。民間資格がいくつかある

ファッションスタイリスト

ファッション雑誌などでモデルが着用する衣装のコーディネートを考える。芸能人やモデルに指名されて、衣装を準備することもある

小物のスタイリスト

雑誌で紹介するアイテムを探して集めたり、商品のまわりに置く小物をスタイリングしたりといった仕事もある

27 撮影用の小物や服は、どこで探す？

撮影用小物・衣装はここで借りられる

撮影用の小物や衣装を貸してくれるショップはいくつかあります。
小物の場合は、多種多様なテイストのものを大量に扱っている大型専門店や、
アンティーク品など一部のテイストを得意としているところも。

撮影小道具のリースショップを使う

家具やインテリア小物、天板、器、布など、撮影に使えるさまざまな小物を集めたリースショップがある

ブランドからリースする

商品を露出したいと考えているブランドと利害が一致すれば、衣装を無料で借りられる場合もあるので、相談してみよう

洋服店や雑貨店からリースする

洋服店や雑貨店などの小売店でも、値段の10％程度のリース料で、撮影用に商品を貸してくれることもあるので、問い合わせを

予備も含めて
少し多めに借りて
おくといいよ

撮影用に小物や衣装を準備する場合、一度しか使わないのにすべて購入していると、かなりお金がかかってしまいます。そんなときには、リースをするという方法もあります。ブランドやショップから借りる場合は、ブランド名・店名や問い合わせ先、URL、商品名、価格といった情報を掲載すれば、無料で貸し出してくれることもあります。情報を掲載できなくても、商品価格の10％程度のリース料で借りられることもあるので、相談してみましょう。また、衣装を借りる場合は、着用しても大丈夫かどうか事前に確認を。汚すと買い取りになってしまうこともあるため、リース品は十分に注意して取り扱いましょう。

返却の際の注意点

リースしたものを返却するときの状態で、担当者の人柄や会社の評判が左右されることもあるほど、返却作業は慎重で丁寧な対応が必要です。汚さない・壊さない、は最低限のマナーです。

借りたときの状態で返却する

返却時に現状復帰するために、借りたもののリストを作り、最初の状態をスマホなどで撮っておくとよい。衣装などは着用しても大丈夫か事前に確認し、汚れたらきれいに洗って返却する。汚れが取れない場合は買い取りになることもある

タグも同封して返す

商品にタグがついている場合は、タグを切っても大丈夫か事前に確認を。タグを切ったら、捨てずに同封して返却するのがマナー。タグ留め（通称「もやし」、または「えのき」）でタグを付け直して返すのがベスト

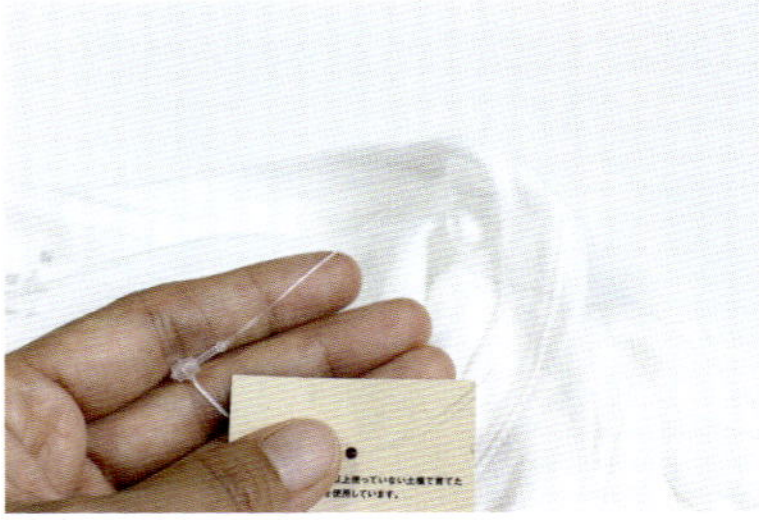

Hint　スタイリスト、編集者ご用達のリースショップ

もともとカタログや雑誌、書籍の企画・制作を手掛けてきた会社が運営する、撮影用小物のリースショップが『アワビーズ』。家具やラグ、クッション、各種ボックス、本など、衣装以外のさまざまな小物がそろっています。同ビル1階には、器やテーブルクロス、天板などキッチンまわりのアイテムを扱う『UTUWA』もあります。

『アワビーズ』
東京都渋谷区千駄ヶ谷3-50-11 明星ビルディング5F
TEL：03-5786-1600　http://www.awabees.com/　営業：9:00～20:00　休み：なし

すぐ真似できるスタイリングのコツ

28

スタイリングのコツを知りたい

撮影用小物や衣装の手配をスタイリストに依頼するほど予算に余裕がなく、広報担当自らがスタイリングをしなければいけないこともあるでしょう。そんなときにちょっとしたコツを知っていると、カメラマンも撮影しやすくなります。スタイリングの基本は、主役を邪魔せず引き立ててくれる脇役を用意すること。それには、主役のテイストや色に合う脇役を探すことが大切です。例えば、主役となる商品が小物であれば、それが使用されるシーンをイメージして、そこにあることが自然な脇役を添えていきます（あえて不自然にして印象付けすることもあります）。また、写真の中に意図しない余白ができてしまう場合は、そこをうまく埋めるように配置するのもコツの一つです。

色数を絞る

初心者が取り入れやすいコツの一つが、色相（P127参照）の近い類似色でそろえる方法。色数が多いと統一感がなくなりがちだが、近い色にそろえるだけでまとまりが出る。アクセントとして、補色を少しだけ入れるのもいい

布などで立体感を出す

布や紙のように質感や動きのあるものをプラスすると、写真に表情が加わり、立体感が出る。ピンと張らず、あえてくしゃっと崩して入れてみよう

失敗しないために知っておきたいこと

反射するものや、鏡のように映り込むものは、撮影しづらい。メガネはガラスを抜いて使うことも

高さのない主役に対して、背の高い脇役は合わせづらい

企業ロゴがデカデカと入ったものは避けたほうが無難

色や柄が強すぎるものは、主役の邪魔をしてしまうこともあるので注意

Hint ストックフォトサイトを見て研究しよう

『アマナイメージズ』などのストックフォトサイトにキーワードを入力して検索し、撮影したい画像のイメージに近いものを探してみましょう。惹かれる写真はスタイリングのどこがよいのかを考え、真似してみることで、スタイリングのコツがだんだん身についてくるはずです。

『アマナイメージズ』　https://amanaimages.com/

29

外部スタッフへの発注の仕方は？

デザイナーやカメラマン、ライター、イラストレーターなど外部のスタッフに依頼したい場合は、まず電話やメールでスケジュール、ギャランティ、内容と分量をざっくり伝えて、受けてもらえるかを確認します。その後、顔を合わせて打ち合わせするか、詳細をメールで送るなどして、作業を進めていきます。初めて仕事をお願いするときは、一度顔を合わせておきましょう。また、お願いしたいことの方向性を伝えることは大事ですが、内容を決めつけすぎると、各分野のプロである彼ら本来の力を生かしきれないことも。必要な「要素」と「テンション」は伝えつつも、それを実現するための具体的な内容に関しては、プロの意見も聞きながら進めるとよいでしょう。

発注時に伝えるべきこと

1 スケジュール

媒体の制作全体にかかわってもらう場合は、全体のスケジュール感を伝える。特定の取材・撮影日を設定する場合は、できれば決定する前に相談して候補日を伝えるほうが好ましい

2 ギャランティ

日当の場合

カメラマン、ヘアメイクなど1日単位で換算しやすい内容は、日当のことが多い（カメラマンはページ単価の場合もある）。機材に経費がかかることや、専門性なども加味して設定を

ページ単価の場合

冊子の場合、デザイナーやDTP、校正・校閲などは1ページいくらといった設定が多い。ただし、表まわりのデザインは通常のページの5〜10倍以上など特別に設定する

文字数、点数換算の場合

ライターは文字数、イラストレーターは点数（サイズによって金額を設定）、スタイリストはカット数や体数という数え方が多い（ライターはページ単価の場合もある）

3 内容と分量

媒体は？

どんな内容のものなのか、判型やページ数、ターゲット、どこで配布するのかなど、媒体の概要をざっくり伝える。過去に似たものを作っている場合は、見本として送るのもよい

企画内容は？

媒体の中でもどういった企画で、どんな意図で出すものなのか、対象は誰なのかをさらに詳しく説明する。カメラマンなら被写体について、ライターなら書いてほしい内容などを伝える

テイストは？

媒体自体や、その企画のテイストを伝える。カメラマンなら写真の雰囲気、イラストレーターならどんなタッチがよいのか、ライターならどんな文体がよいかなどを共有し、ターゲットに刺さりやすいテイストを考える

文字数・点数は？

作業ボリュームが見えないと、仕事を受けるかどうか決めづらい。デザイナーならページ数、カメラマンならカット数、イラストレーターならサイズと点数、ライターならページ数や文字数の目安など

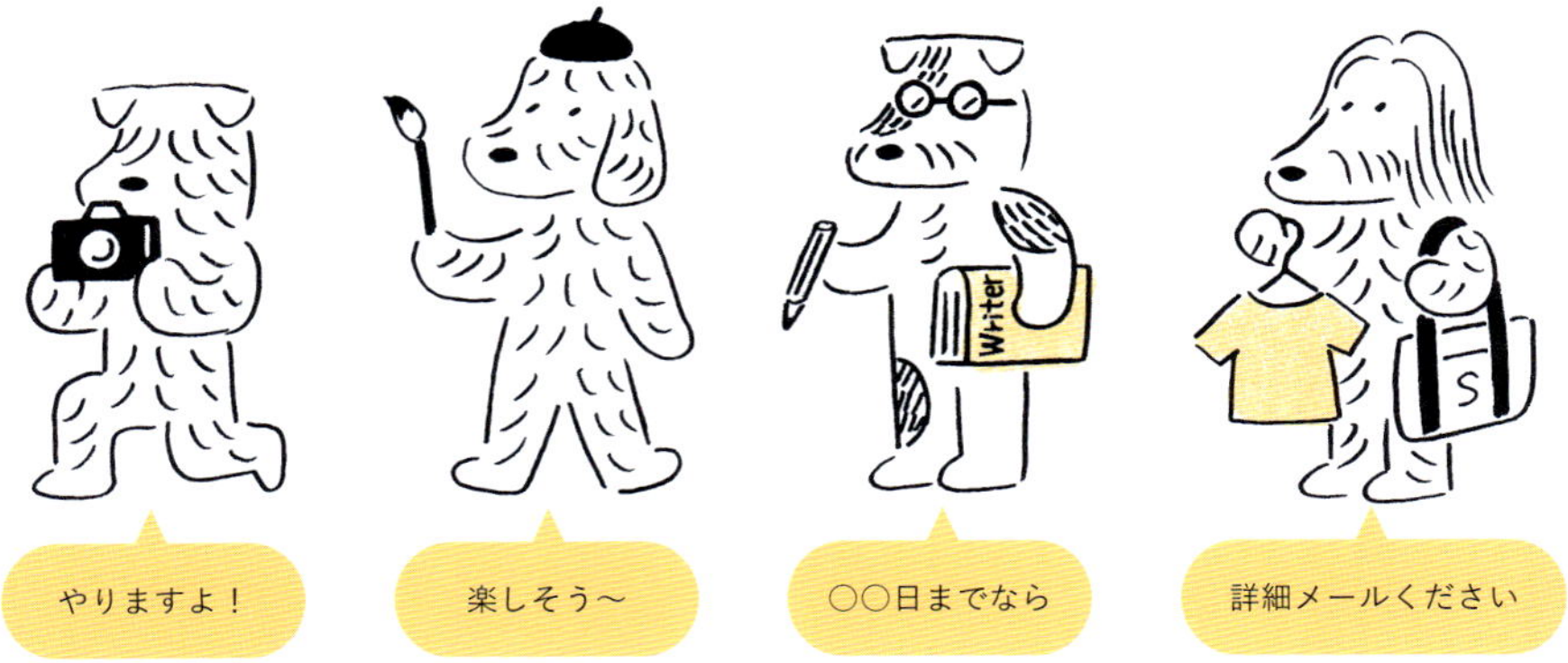
Writer
S
やりますよ！
楽しそう～
○○日までなら
詳細メールください

Hint 別媒体への転載があるかも事前に伝えよう

冊子用に作ったコンテンツをウェブにも転載したい、撮影した画像をSNSにも使いたい、商品パッケージにも使いたいなど、他の媒体にも使用するとわかっている場合は、事前に伝えておきましょう。それによってギャランティも変わってきます。事後に相談する場合は、別途、二次使用料を支払う必要があります。

30 画像やイラストを借りたい

写真はどこで借りられる？

どんな写真を借りたいかや、使用用途、有料か無料かによって、
借りられる場所は変わってきます。

ストックフォトを使う

いちばんオーソドックスな方法は、ストックフォトから探すこと。素人レベルからプロレベルまで、値段も無料のものから高額のものまで、さまざまなサイトがあるので、使用したい画像によって使い分けよう

観光協会や企業などに借りる

観光名所などの写真は、地元の観光協会が持っていることが多い。サイトから画像データをダウンロードできるシステムが整っているケースもあり、多くの場合無料で使用可能。企業が扱う商材にかかわる画像なら、広報担当から無料で借りられる場合もある

カメラマンに借りる

例えば桜の花や紅葉などの景色や、ペットの写真などは、そのジャンルを得意とするカメラマンが撮り溜めているものを借りられることも。その場合は、もちろんカメラマンに謝礼を払う必要がある

新規で撮影やイラストを発注するほど時間や手間をかけられないけれど、写真やイラストの素材を使用したいときは、素材を借りるという方法もあります。ストックフォトサイトがいちばんに頭に浮かぶ人が多いと思いますが、場合によっては観光協会や自治体、企業、カメラマンに借りることもできます。ただ、素材を借りると時間や手間は省けますが、どうしても借り物を使ったチグハグ感は否めません。また、無料や有料でダウンロードした素材であっても、制作者は著作権を手放しているわけではない場合が多く、サイトに記載されている利用規約をよく読んで守ることが大切です。基本的に、プロの仕事は無料ではないということを、頭に入れておきましょう。

借り素材を使うメリット・デメリット

素材を借りることは比較的簡単ですが、デメリットもあります。
メディアとして何を大切にするかを考えて、使うかどうかを決めましょう。

季節モノは
撮りためてる人も
多いよ！

メリット

・新規撮影できないような場所や状況の画像を使える
・発注や撮影の時間と手間がかからない
・いろいろなカメラマン、イラストレーターの作品を使える

デメリット

・イメージにぴったりの画像が見つからないこともある
・メディア全体としての統一感がなくなる
・他でも同じ画像を使用している可能性がある

やっぱり
描き下ろしが
オススメかな

Hint 写真やイラスト素材を無料で借りられるサイトも

ストックフォトサイトの数が増え、最近はプロカメラマンではなく一般の人が撮影した画像を素材として投稿するサイトもできていて、無料でもそれなりのクオリティの素材を探すことが可能になってきました。『写真AC』『イラストAC』『Pixabay』といったサイトでは、一部完全に無料でさまざまな素材を探すことができます。

『写真AC』 https://www.photo-ac.com/

COLUMN B

起きがちなトラブルとその対策

後から認識のズレが発生。そんな事態を防ぐには？

目的を共有して同じ方向に進んでいたはずなのに、どこでズレが生じたのか、制作の後半段階で意見が噛み合わなくなり、完成間近になって「そもそも」の話に立ち返らないといけない状況に……。デザイン上のことでも、お金の話でも、起き得ないことではありません。こんな事態を招かないために注意すべきなのが、「目に見える状態で、やり取りの履歴を残しておく」ことです。意思疎通を図るのに、直接話すという手段は有効なため、打ち合わせや、ときには電話で話をすることは大切なのですが、そのやり取りのみにとどめてしまうと後々の思い違いで認識のズレが生じ、「言った言わない」の話になってしまうことがあります。打ち合わせの後には、決定内容（あるいは課題として残った内容）の議事録をメールで送る、依頼内容や提示条件は書類にして共有する、電話で返事をして決定したこともメールで共有しておくなど、後で齟齬が生じたときに振り返って確認できるものを残しておくように心がけましょう。

CHAPTER 3

撮影

届けたい、伝えたい商品やサービスを魅力的に見せるために
どんな媒体においても撮影(写真)は欠かせない要素です。
外注先に仕上がりまですべてお任せしてしまうのではなく、
アピールポイントがしっかり画像上で表現できているかを
見極める編集力を身につけましょう。
ここからは、撮影実践編のノウハウを紹介していきます。

31 撮影前に準備しておくべきこととは？

撮影前の準備は入念に！

撮影当日の流れを頭の中でシミュレーションし、
抜けていることがないかを確認しましょう。

撮影前の準備チェックリスト

□ラフレイアウトや撮影カットリストなど、撮影内容がわかるもの

□ロケハン（ロケやハウススタジオ撮影の場合）

□スタジオ予約、撮影場所の許可取り

□昼食の手配や、昼食を取れる飲食店の確認（お昼を挟む場合）

□大道具・小道具の準備（各スタッフにも必要なものを確認する）

□ロケバス手配（必要な場合）

□香盤表（当日の撮影進行表）の作成

□各スタッフへの連絡

□撮影中につまめるお菓子や飲み物、紙コップの準備

カメラマンにも
準備するものがないか
確認してね！

撮影は失敗が許されない、一発勝負のときです。文章は書き直すことができますが、多くのスタッフがかかわって撮影した写真を撮り直すのは大変です。撮影がうまくいくかどうかは、事前のイメージや打ち合わせ、段取りなどにかかっていると言っても過言ではありません。撮影当日の流れを頭の中でシミュレーションして、足りないものはないか確認し、余分かなと思うくらい準備をして行きましょう。自分自身がしっかり準備をすると同時に、各スタッフにも内容や流れを共有し、同じ気持ちで当日に臨んでもらうことも大切です。一つのチームとしてよいものを作れるように、スタッフのモチベーションにも気を配りましょう。

撮影用のラフレイアウトを用意する

カメラマンに渡すラフレイアウトには特に、
撮影に関する指示をしっかり書いておきましょう。

絵だけでは伝わりづらい部分は文字で補足説明する

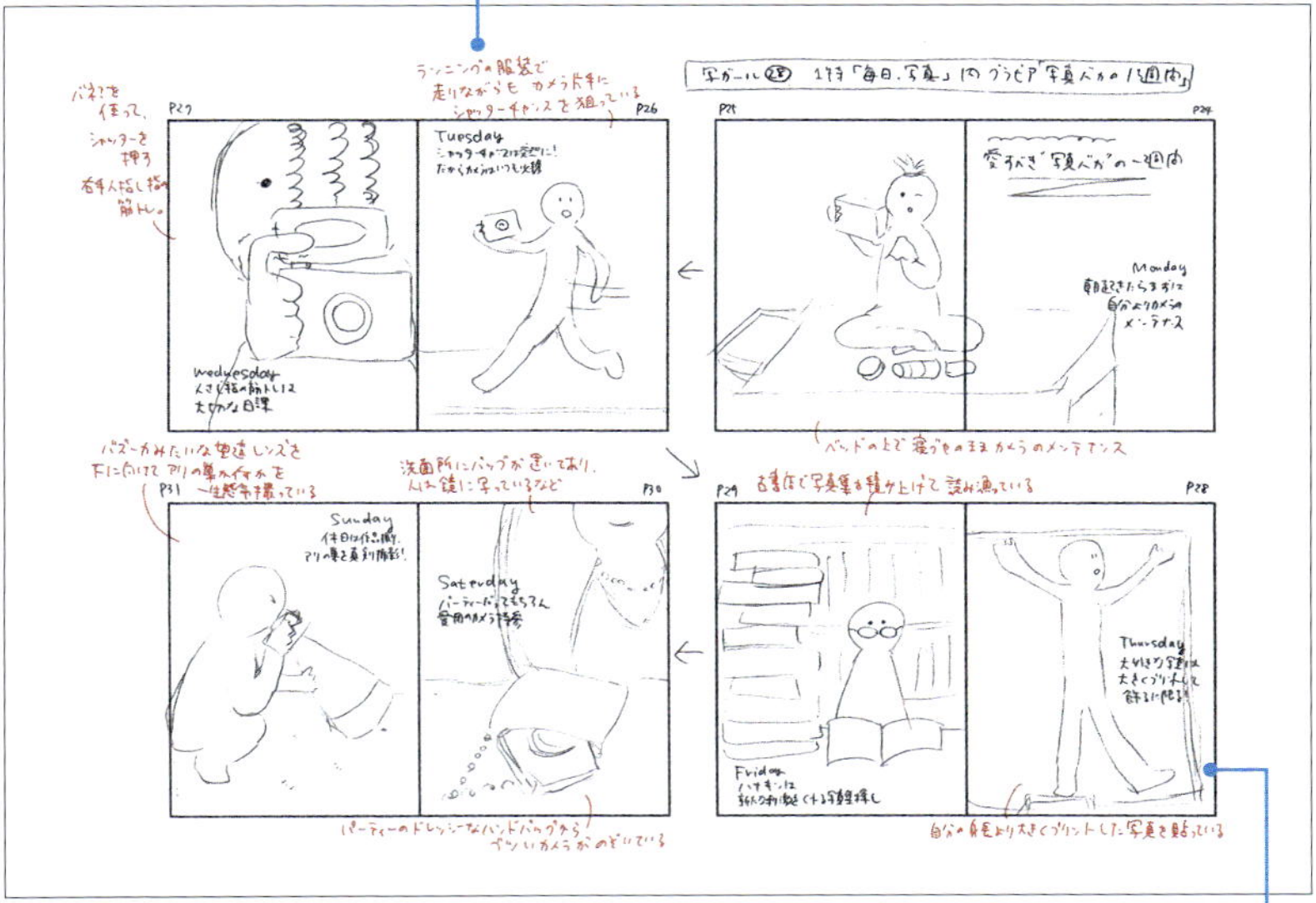

写真メインのページでは特に、写真に必要な要素とテンションがわかるよう絵を書き込んでおくとよい

Hint ウェブの場合は横位置の写真が基本

縦写真

横写真

カメラを縦にして縦長の写真を撮ることを縦位置、横長を横位置と言いますが、ウェブで使用する写真を撮影する場合は、横位置が基本になります。パソコンの画面自体に横長のものが多く、縦長の写真はウェブサイトのデザイン上使いづらいため、ほとんどのサイトは横位置の写真を中心に組んでいます。人物や料理など被写体によっては、カメラマンが自然に縦位置を多用してしまうことがあるので、事前に横位置で撮影してもらうように伝えておきましょう。

撮影当日の流れをまとめた香盤表を作る

当日の流れをイメージして、
誰がいつ何をすればよいかがひと目でわかるようにまとめ、
スタッフ間で共有しておきましょう。

2/14『○○○○○○○○』カタログ撮影　香盤表

時間	内容	必要なものなど
9:45	・スタッフ集合（料理研究家 A さん、カメラマン B さん、スタイリスト C さん、広報 D）	
10:00	・製品担当 E さん合流 ・打ち合わせ	
10:30	・○○○○○○撮影 ※合間でキリヌキ撮影	料理、ワインボトル、グラス（脚あり&なし）
11:00	・○○○○○○撮影	料理、ワインボトル、グラス（脚あり&なし）
12:30	昼食	
13:30	・○○○○○○撮影	料理、カトラリーは適宜
14:30	・集合写真撮影	すべての料理、白いクロス、花など小物
15:30	・片付け・撤収	

※時間は目安です

タイムスケジュールをまとめる。各スタッフの動きがバラバラの場合は、スタッフごとに行を作って動きを書いておく

【撮影場所】
Aさんご自宅：
東京都渋谷区○○○○○○○○○○○○○

撮影場所の住所なども書いておくと親切

【当日連絡先】
広報 D：090-0000-0000
カメラマン B さん：090-0000-0000
スタイリスト C さん：090-0000-0000
料理研究家 A さん：090-0000-0000
製品担当 E さん：090-0000-0000

許可を得て、各スタッフの携帯電話番号もまとめておくと、当日柔軟に動きやすい

頭の中で
シミュレーションして、
準備バッチリ！

Hint　効率のいい撮影順は？

どういう順番で撮影を進めるかは、内容や状況によって臨機応変に考える必要があります。いちばん大切なメインカットの撮影を中心に、みんなが効率よく動けるよう組み立てるのが基本ですが、自然光の向きや天気などにも左右されます。また、著名人やモデルなどが絡む場合はその人の予定が最優先となったり、撮影場所の都合で時間が制限されたりすることもあります。迷う場合は、カメラマンなど他のスタッフにも事前に相談しておきましょう。

撮影時に持っておくといいもの

これらのものが必要になったときにさっと取り出せると、
撮影をスムーズに進められます。
小さめのショルダーバッグなどにまとめて持っておくと便利です。

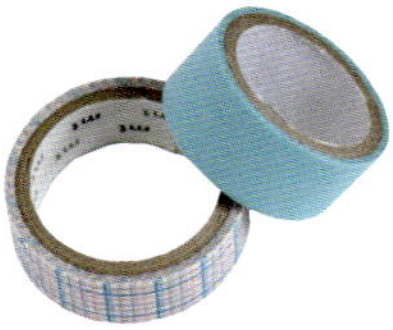

マスキングテープ

メモを貼るときなどに使用。セロハンテープよりはがしやすく、上から文字も書ける

ガムテープ

背景に使う布や紙を貼ったり、撮影物を梱包したりするときに役立つ

サインペン

メモ書きに使う。万が一撮影物を汚したときのことを考えて、水性がおすすめ

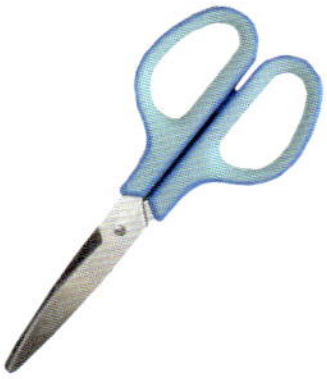

ハサミ

タグやメモを切る、仮留め用にテープを細かく切るなど、あると何かと重宝する

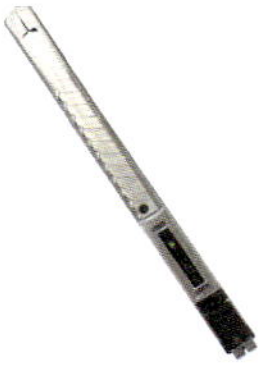

カッター

撮影物の梱包を開けるときや、大きめの紙を切るときなどに使う

メモ

商品を混同しないように、撮影時にメモ書きを一緒に写し込むときなどに使う

アイロンとアイロン台

背景用の布や衣装などのシワを伸ばすときに。スタジオには用意されていることが多い

マーカー

ラフレイアウト上で撮影したカットをチェックするときなどに使える

32 撮影現場では何をすればいい？

撮影現場での編集担当の役割

現場監督

撮影がイメージ通りに進むようディレクションし、進行を管理するのが主な仕事。被写体や写真を確認し、OKなのか、調整が必要なのか、各スタッフにはっきり指示を伝えよう

ムードメーカー

スタッフ間のコミュニケーションを円滑にし、現場が雰囲気よく回るようにするのも、編集担当の役目。スタッフが生き生きと仕事ができるようにフォローを

雑用係

こまごまとした必要なものを手配する、雑用係の側面もある。ただし、雑用で動きすぎると全体が見えなくなるので、必要であればアシスタントを用意し、自分は指示する側に回ること

撮影当日、役割をすべて他の専門スタッフに振ったら、編集担当は何をするのでしょうか。実はいちばん大切な役割である〝ディレクション〟をすることが、編集担当の仕事です。編集者とは「権力のない映画監督」のようなもので、現場での決定権は編集担当にあります。イメージ通りに進んでいるかを確認し、必要に応じて各スタッフに指示を出します。ただ、1点注意したいのが、専門家である相手の領域を侵さないこと。例えば、写真のことならカメラマンがいちばんよく知っており、そのやり方には大抵何かしらの理由があります。調整したい部分があるときは、イメージとどこがどう違うかを伝え、カメラマン視点の意見も聞いて、相談するようにしましょう。

撮影当日の流れと仕事

集中して話を聞ける
時間が少しでも
あるといいな
Writer

顔合わせ

初顔合わせのスタッフがいれば紹介し、あいさつや名刺交換を促す

流れの説明

撮影の段取りを全員に共有し、必要であれば軽く打ち合わせをする

準備に時間が
かかるから早めに
入れると嬉しい

準備

各自準備に取り掛かってもらう。全体を見て、進捗を確認し、必要そうなところを手伝う

撮影開始

スタッフに声をかけ、撮影開始。イメージ通りに進んでいるかをチェックし、進行管理をする。基本の立ち位置はカメラマンの後ろ

時間の管理
お願いしますね

休憩

必要そうなら途中で休憩時間を取り、食べ物や飲み物を準備する

デザイナーも
立ち会えると
後々やりやすいかな

終了あいさつ

写真をチェックし、撮影がすべて終了したら、ひと言軽くお礼のあいさつをする

撤収

片付けの終わったスタッフから流れ解散。編集担当は最後まで残る

33

大量撮影した後、混乱しないためには？

大量の似たようなアイテムを撮影するときや、大勢の人をランダムに撮影するとき、そのときは覚えているつもりでも、後から判別できなくなってしまうことがよくあります。また、1日にいろいろなカットを撮影すると、撮り漏れが出る恐れもあります。こういった撮影時の管理ミスは、最も避けたいもの。整理の仕方に決まったルールはありませんが、最も混乱しづらく、ミスが起きにくい、確実な方法を取る必要があります。撮影時はバタバタしていて複雑な作業ができないため、事前に整理法をよく考えて、準備しておきましょう。上記にミスを防ぐための整理法の例をいくつかあげていますので、参考にしつつ、それぞれの状況に合った方法を見つけてください。

判別が難しいときはメモを入れる

似たようなアイテムをいくつも撮影するときや、
大勢の人を撮影するときは、
最初にメモや番号を一緒に写しておきましょう。

物撮りの場合

切り抜き（P92参照）の場合は、メモ書きを一緒に写し込んでもらうと間違いがない。角版の場合は、そのアイテムの1カット目にメモ書きを写した後、本番の撮影をしてもらうようにする

人物の場合

番号と名前などをメモし、その人の1カット目を撮るときに、番号を持ってもらって撮影しておく

撮影カットのチェックリストを作る

いろいろなページのカットをごちゃまぜに撮らなければいけないときは、
撮り漏れがないように撮影予定順にチェックリストを作っておくとよいでしょう。
香盤表(P76参照)の中に、撮影カットリストまで入れる方法もあります。

5/28「食の匠」シリーズ撮影カットリスト

【9:00〜　@スタジオ前】

- □《プロローグ用》妻の帰宅シーン
- □《プロローグ用》妻が玄関を開けるシーン
- □《プロローグ用》妻の驚く表情

【10:00〜　@スタジオ内】

- □シェフ調理シーンの手元(野菜を切る、肉を焼く)
- □《表紙用》盛り付け完成例
- □《プロローグ用》飾られた食卓イメージ
- □《プロローグ用》妻と夫の食事シーン
- □《プロローグ用》夫の笑顔
- □シェフインタビューカット

【13:00〜　ブツ撮り@スタジオ】

- □食材集合(カクハン)
- □パッケージ撮影(箱、カクハンイメージ)
- □パッケージ撮影(箱・レトルトパウチ、キリヌキ)
- □肉(キリヌキ)
- □トマト(キリヌキ)
- □キャベツ(キリヌキ)
- □じゃがいも(キリヌキ)

シーンと時間ごとに撮影カットを整理して、箇条書きにしておく

漏れがないように、撮影したらチェックを入れておく

撮り漏れがあると大変！
しっかりチェックして

Hint ラフレイアウトにマーカーでチェックする方法も

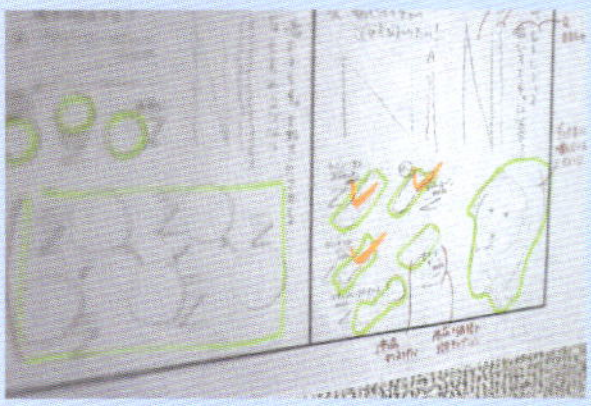

撮影カットリストを作るほどでもないときは、撮り終わったらラフレイアウトにマーカーでチェックしていくという方法もあります。パーティションなどにラフレイアウトや撮影カットリストを貼り、チェックしながら撮影を進めると、進行状況の共有や撮り漏れチェックがしやすくなります。

34

写真チェックではどこを見ればいい？

大きくはこの二つをチェック

チェックポイントはいろいろありますが、
大きくは“要素”と“テンション”の二つと頭に入れておき、
そこからチェックしましょう。

テンション　楽しそう、緊張感があるなど、写真をぱっと見たときに受ける印象がイメージと合っているか

要素　写真に写るべきものが正しい形で写っているか、逆に余分なものが写り込んでいないかをチェック

撮影現場での写真チェックは、編集担当の大切な役割の一つです。最近はデジタルカメラでの撮影がほとんどなので、液晶モニタなどで実際の画像を見るのが一般的です。ただし、あまり頻繁にチェックすると撮影の流れが悪くなるため、セットを変えるときにまとめて確認するなどしましょう。写真の仕上がりは完全にラフレイアウト通りでなくても、現場判断で柔軟に対応したほうが、結果的によいものになります。大きく使う予定の写真はバリエーションを2パターンほど撮っておくと、後から見て冷静に選べます。ただし、〝押さえ〟のカットが多いとスタッフの士気が下がるので注意を。写真からは現場の雰囲気までが伝わるので、撮影を楽しむ余裕が持てるとベストです。

撮影時にはここを確認！

大きく使う写真は特に、
引き伸ばすと細かい部分も気になってくるので、
しっかりチェックしましょう。

撮影時にチェックすべきポイントリスト

- □ぱっと見の印象はイメージ通りか
- □商品の見え方に問題はないか
  （置き方、アングル、色味、汚れなど）
- □大切な部分が隠れたりボケたりしていないか
- □余分なものが写り込んでいないか
- □（心配であれば）ピントは合うべき部分に合っているか
- □（心配であれば）ブレていないか
- □大事な部分が白く飛んだり黒くつぶれたりしていないか
- □モアレが発生していないか
- □縦位置、横位置は合っているか

Hint 大勢でチェックするときはPCやiPadが便利

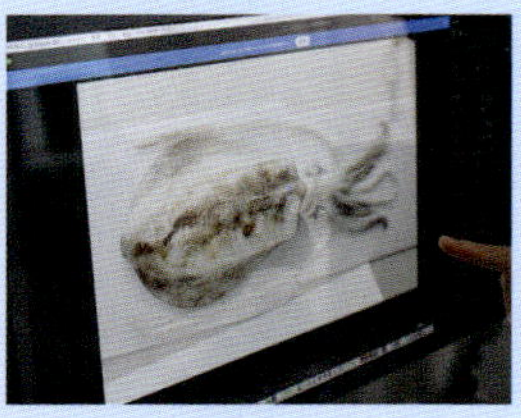

モデルやデザイナー、ヘアメイク、スタイリストなど、大勢のスタッフがかかわっている撮影では、写真をチェックする人数も多くなります。そういうときは、カメラの液晶モニタでは見づらいので、カメラマンにお願いして撮影した画像をパソコンやiPadに転送してもらい、大きい画面でチェックすると効率的です。

アタリデータ、本番データとは？

アタリデータ

撮影後、使えそうな画像をセレクトしたり、明るさや色味などを調整したりする前のデータ。大抵は解像度を落としてある。「アタリ」という言い方は、「アタリをとる」＝「およその見当をつける」の意味から

編集担当が
使用画像をセレクト

本番データ

カメラマンが使用サイズや用途に合わせて、明るさや色味などを調整し、場合によってはレタッチ（補正）をした画像データ

35 撮影後の画像データはどう受け取る？

プロカメラマンの間でもデジタルカメラの使用が一般的になり、納品のルールも徐々に確立されてきています。撮影カット数が多いときは特に、カメラマンから一度「アタリデータ」と言われる軽い画像を受け取り、使用画像を決めてファイル名を連絡して、「本番データ」を再度送ってもらう方法が一般的です。アタリデータがあれば、それを使ってデザイン作業を進めておき、入稿前に本番データに差し替えられるため、効率的に作業を進められます。

フィルム時代よりも簡単に画像の転送やコピーができるだけに、つい写真の扱いが雑になりがちですが、プロが撮った写真1点1点の重みは同じ。無許可でSNSに上げたり、私的利用したりしないことは大原則です。

カメラマンに伝えるべきこと

画像の納品に関しては、以下の項目を伝えましょう。
わからない場合は、カメラマンに普段どうしているか聞き、
問題なければその方法でお願いすればOKです。

画像形式

使用サイズや用途によって、カメラマンが判断してくれることが多いが、よく使われる形式の特徴は知っておこう

JPEG（ジェイペグ）形式

ほとんどのカメラやサイト、ソフトに対応している、汎用性の高い画像ファイル形式。比較的容量が小さく高画質だが、編集時に調整できる範囲が狭い。カメラマンがRAWデータを現像して本番データを作成するときは、この形式にすることが多い

RAW（ロウ）形式

デジタル一眼カメラで撮ったままの情報を出力した、パソコンで専用ソフトを使って現像処理することが前提のデータ。露出補正やカラーバランスなど大幅な修正ができるため、プロはこの形式で撮影することが多い

TIFF（ティフ）形式

JPEGより高画質で、編集して保存を繰り返しても劣化しないが、JPEGやRAWより容量が大きい。大きく使う画像だけTIFF形式に現像するカメラマンもいる

納品方法

普段どんな方法で納品しているか、カメラマンに聞いてみよう。希望がある場合は伝えるとよい

ファイル転送サービス、オンラインストレージサービス

今や、「ギガファイル便」や「firestorage」、「Dropbox」などのサービスを利用して、ネット経由で納品する人がほとんど。ただし、セキュリティや管理という意味では不安がないわけではない

DVDで送付

納品データをCDやDVDに焼いて、郵送してくれるカメラマンもいる。重いデータでも確実に受け取れる方法だが、どうしても時間のロスがあるので、最近はあまり使われない

使用サイズ

特に大きく使う写真に関しては、実際の紙面では約何cm×何cmで使うのかを伝えよう。紙面デザインが上がっているようなら、デザインのPDFを送って見てもらうのがいちばんわかりやすい。大型ポスター以外の紙媒体の場合は、解像度350dpi以上の画像データが必要だ。ウェブの場合、解像度の目安は72dpi程度

36

自分で撮影する場合、あるといいものは？

広報を担当していると写真を撮る機会は多いでしょう。SNSやブログにアップするだけならまだしも、カタログやチラシ、メニュー、ウェブサイトなどに使うとなると、きちんと撮りたいと思う人も多いのではないでしょうか。そう思ったら、まずはカメラ店に行って実物を触り、ミラーレス一眼か一眼レフを買うところから始めましょう。もっとうまく撮るにはどうしたらよいか、勉強したり工夫したりしているうちに、写真のことがわかってくるはずです。そうなると、カメラマンにお願いしたときにも、指示が出しやすくなります。三脚やストロボ、レフ板などは、最初から買う必要はありません。自分が撮る写真に必要だとわかったら、適宜買い足していきましょう。

どんなカメラを準備すればいい？

SNSやブログではなく、紙媒体やウェブサイトなどで写真を使うなら、
一眼レフかミラーレス一眼がおすすめ。
両者とも、その性能はピンからキリまであります。

一眼レフカメラ

ファインダをのぞいたときに見える像と、実際に写る像が一致している、レンズ交換式のカメラ。高性能なものが多いが、構造上大きく重くなる。光学ファインダにこだわるならこれ

ミラーレス一眼カメラ

レンズ交換はできるが、一眼レフと違ってファインダがないか、電子ファインダがついている。構造がシンプルな分、一眼レフより小型軽量なものが多い。高性能なものなら画質は一眼レフと変わらない

コンパクトデジタルカメラ

レンズがカメラと一体になっていてレンズ交換ができない、小型デジタルカメラ。入手しやすい価格帯で、持ち運びやすいが、スマホカメラとの差を感じないものも多い

＋αの撮影アイテムはどんなときに必要？

最初からすべてをそろえようとしないで、
撮影をするうちに必要だと感じたら、
追加してそろえていきましょう。

三脚

室内での商品撮影が多い場合は、三脚があると撮影が楽になり、手ブレや撮影者自身の写り込みなども避けられる。建物や風景、夜景の撮影や、マクロ撮影、超望遠撮影をするときにも必要

ストロボ

室内での商品撮影がメインなら、カメラから離して使うジェネレータータイプかモノブロックのストロボがあると、何時でも撮影できる。ロケで人物などを撮影する場合には、カメラ上部のホットシューに装着して使う、小型軽量のクリップオンストロボが便利

背景にする布や紙

室内で商品撮影をするなら、撮影するアイテムのサイズに合わせて用意しておくとよい。厚手の紙は、立ててレフ板としても使えるので便利

レフ板

ロケでの人物撮影などが多い場合は、折り畳めるレフ板があると重宝する。室内での撮影がメインなら、厚紙やカポック（発泡スチロール製の簡易レフ板）で十分だ

37

商品撮影の鉄則を知っておきたい

太陽光での撮影がおすすめ

人間の目では自動的に調整しているため気づきにくいですが、光には色がついており、色のついた光の下では、物が違う色に写ります。ストロボを使わない場合は、窓際で太陽光を使って撮るのがおすすめです。カメラ本体でホワイトバランスの設定を変えて、色を補正することもできます。

自然光（太陽の光）

昼間に窓際で撮影した写真。昼間の太陽光の下で撮ると、見た目の色に近くなる。ただし直射日光は避けること

白熱灯

黄色っぽい白熱灯の下で撮影。温かい雰囲気を出したいときにはこれもアリ

蛍光灯

蛍光灯の下で撮影。青緑色っぽくなるため不自然で、特に食べ物はおいしそうに見えない

商品撮影には鉄則があります。自分自身で商品撮影をするときは、ちょっとしたコツを知っておくだけで、プロに近い写真を撮ることができます。写真を撮るうえで大切なのは、何といっても光を見ること。光の量、向き、色を意識すると、思い通りの写真が撮れるようになります。もちろん、撮影後に画像加工ソフトで微調整することもできますが、後から調整するほうが断然難しく、特にＪＰＥＧファイルは加工して保存すると劣化してしまうので、撮影時にできるだけイメージに近づけておくことが大切です。また、黒く潰れてしまったり、白く飛んでいたりすると、その部分には情報がないため、加工で調整することはできないので撮影時に注意して確認しましょう。

光の向きによる違い

同じ被写体でも、光の向きによって、まったく雰囲気の違う写真になります。
光の向きを意識するだけで、ぐんとイメージに近い写真を撮れるようになります。

逆光

シルエットっぽく撮りたいときや、リアリティをなくして完全にイメージ写真っぽくしたいときには使える

オススメ！

半逆光

料理や人物、動物など被写体をふんわり柔らかく見せたいときに最適。女性に好まれやすい雰囲気になる

サイド光（側光）

片側に光があたり、反対側は影になるため、極端に立体感を演出したいときや、雰囲気ある写真にしたいときに使われる

半順光（斜光）

被写体をはっきり見せつつも、立体感も出せるため、商品撮影や人物ポートレートなどによく使われる

順光

被写体の色をはっきり見せたいときに。平面的なものには向くが、立体的なものを撮ると、のっぺりして立体感がなくなる

オススメ！

Hint こんな失敗には気をつけよう

レンズが広角すぎる

焦点距離50mm（35mm判換算）のものを標準レンズ、それより短いものを広角レンズと言う。広角で撮影すると物が歪んでしまうため、商品撮影にはおすすめしない

写り込みがある

ガラスや鏡状のものを撮影するときは、周りの物や撮影者が写り込んでいないか注意。写り込まない位置に移動したり、写り込むものを布などで覆ったりして防ごう

38 動画の撮影って、写真とどう違う？

SNSでの拡散などを狙って、動画を使ったプロモーションを行う企業が増えています。静止画（スチル）に対して、動画の撮影・編集は人手も時間もかかって大変というイメージがありますが、短時間で多くの情報をわかりやすく伝えられて、興味のない人にも見てもらいやすいといったメリットがあります。広報したい商材の魅力が写真では表現しきれない、動画のほうが伝わりやすいと感じたら、動画の導入を検討しましょう。動画制作会社に依頼して作ってもらうこともできますが、ちょっとした動画なら、今持っている一眼レフカメラやスマートフォンと動画編集ソフトを使って作ってみることも可能です。まずは挑戦してみましょう。

写真と違う、動画撮影の特徴

長めに回して時間の流れを追う

写真はその一瞬を収めればOKであるのに対して、動画は時間の流れを追う必要がある。撮影したいシーンよりも前からカメラを回し始めて、撮り終わった後も5秒カウントしてから止めるのが鉄則

後からトリミングは基本NG

動画の場合、写真に比べて画質が粗く、後から周りをトリミングしてクローズアップすることは、基本的にできない。バリエーションをつける意味でも、撮影時に寄り引きを押さえておく

音声が入る

当たり前のことながら、写真には音が入らないが、動画では音声をすべて拾ってしまう。カメラを回しながら指示を出して、被写体に動いてもらう、といったことは基本的にできない

できるだけ三脚を使って撮る

動画では時間の流れを撮っているだけに、カメラが揺れてしまうとかなり気になるので、極力三脚を使う。動画専用の三脚なら、上下左右にスムーズに動かせるため、カメラを振って撮影しやすい

映像を撮る
スチルカメラマンも
増えているよ

構成台本の書き方

シーンごとに撮影したい絵と、
セリフやナレーション、テロップなどの内容を書き出しておきます。
絵は手描きでも、仮で画像を入れてもOKです。

イメージ写真か絵コンテ、文字で映像の内容をまとめる

「食の匠」シリーズ コンセプトムービー 構成案

映像	内容
	暗くなりかけた街。 妻、時計を見るしぐさ。 妻「帰るの遅くなっちゃったな。〇〇、待ってるかな」
	妻「だって、今日は……」 少し焦った妻の表情。 引いて、ざわざわした街の雰囲気。
	自宅の玄関前。 妻、ドアを開ける。 妻「ただいま～」
	食卓に並べられた、「食の匠」シリーズを使った豪華な食事。
	妻、驚いた表情。 妻「ええ～！！ どうしたの？」

シーンの説明と、セリフやテロップの内容。シーンの説明は別項目にしてもよい

Hint ビデオカメラは何を使う？

動画の撮影というと、ハンディタイプの動画専用カメラを思い浮かべる人が多いかもしれません。ところが、プロカメラマンの中にも一眼レフカメラを動画撮影にも使っている人が多く、わざわざビデオカメラを買い足す必要はありません。ただし、一眼レフカメラで動画撮影をする場合、カメラ本体が持ちにくい、ズームが使いづらい、バッテリーが長時間もたない、音声入力が劣るといったデメリットがあり、長時間撮影をするならビデオカメラが向いています。SNSやブログにあげる動画なら、スマホでサクッと撮ってしまうのもアリです。

39 知らないと恥ずかしい撮影用語は？

イメージカットと説明カット

写真では、いちばん伝えたいことを一つに絞ったほうが伝わりやすくなります。
イメージカットはイメージを、説明カットは説明を優先した写真のことです。

説明カット

「パンの具を見せる」など、説明的な意図で撮る写真。ここでは、説明したいことがちゃんと伝わるかを優先する。イメージカットほど大きなサイズでは使わないことが多い

イメージカット

「おいしそう」「かわいい」「おしゃれ」などのイメージを伝える写真。イメージが伝わることを優先し、商品が切れている、色がよく見えないといった説明的な問題点は二の次にして、必要であれば別の説明カットを用意しよう

切り抜きと角版

写真を四角い状態のまま使うことを「角版」、
被写体の輪郭で切り抜いて使うことを「切り抜き」と言います。
切り抜きをうまく使うと、紙面に動きを出すことができます。

切り抜き

写真を被写体の輪郭で切り抜いて使うこと。白い紙や布、壁の前で撮ることが多い。被写体がボケたりブレたり切れたり影ができたりしていると、切り抜きにくい。影ごと切り抜く場合は「影イキの切り抜き」と言う。輪郭が不鮮明な場合は、周りを少し残して切り抜く方法もある

角版（カクハン）

写真を四角い状態のまま使うこと。被写体が切れたり、ボケたりしていてもOK。角版写真の、被写体の部分だけ丸く切り抜くことを「丸抜き」と言う。イメージカットはだいたい角版で使う

真俯瞰と斜俯瞰

料理や商品撮影でよく聞かれる言葉。
真俯瞰と斜俯瞰で撮影のセットが変わることがあります。

真俯瞰

被写体に対して垂直に真上から撮影すること。料理や平面的な物、洋服などで形を見せたいときによく使うアングル。真俯瞰で撮るために、洋服などを平らに置くことを「平置き」と言う

斜俯瞰

被写体に対して斜めの角度から撮影すること。料理や商品撮影で最もよく使うアングルで、厚みなど立体感を見せたいときおすすめ。物によって、斜めの中でもどのアングルがベストか探ろう

人物ポートレートの用語

ポートレートとは、被写体となる人が撮影されることを意識している、人物写真のこと。

さまざまな用語がありますが、中でもよく使われる言葉を紹介します。

バストアップ

人物の胸から上を入れる撮り方で、プロフィールカットなどで最もよく使われる。体のどこまで入れるかを表す用語として、「全身ショット」「ニーショット(膝から上)」「ウエストショット(腰から上)」「クローズアップショット(顔のアップ)」といった言い方も

ニコパチ

カメラ目線でニコッと笑ってパチっと撮る人物写真のこと。最もオーソドックスなポートレートの撮り方だが、ありふれた写真になりがちという面もある

COLUMN A

編集目線を持った
いい広報さんの話

編集記事のスケジュールを意識して取り組んでくれる

雑誌の掲載許諾や画像の貸出依頼は、制作期間が短いため急な対応をお願いしたりと、依頼を受ける側は困惑することが多いかもしれません。以前、雑誌で掲載するために、初めてやり取りするメーカーの広報さんに、製品画像の貸出と情報提供をお願いをしました。担当の方は締め切りと具体的な作業内容の確認をされて、ご自身のスケジュールを組んでいるようすでした。無理なお願いには、現実的に難しいとのご意見と合わせて代案を提案をしてくださり、爽やかな対応。内容についても、編集方針に理解を示しながら要望をお伝えくださったので話がスムーズでした。実際に記事校正などのお願いをした段階でも、すぐに確認くださりとても助かりました。見本誌を送付した際には、基本的に広報さんからご連絡いただくことは少ないのですが、お礼のご連絡と紙面の感想をいただいたりと、とても印象に残る方で、たくさんの媒体に取り上げられているのは製品の力だけじゃないのかもしれないな、と感じました。

ライター（男性 30代）

CHAPTER 4

イラスト

イラストレーションは、写真とはまた違った役割を持って、
図解してくれたり、紙面や画面を彩ってくれたりします。
上手に用いれば、目を引き、心に残る制作物が出来上がるでしょう。
ただ、イラストの使用は、仕上がりのトーンやテイストを
大きく左右するために、その扱いには慎重な決定が必要となります。
ここでは、発注時の注意点などについても見ていきます。

40

イラストが活きるのはどんなとき？

イラストの役割を知ろう

イラストの役割として、図解や補足、装飾などが挙げられます。
いずれの場合でもイラストの存在感は大きく、
デザインのテイストを決定づける力があります。

イラストは文字より目につく

イラストは文字よりも目を引きやすく、興味を持ってもらうためのアイキャッチとして機能させることもできる。ターゲットに合わせてうまく活用しよう

事前の知識がなく、興味もまだ湧いていないものに対して、文字の羅列のみで情報を提供されても、まったく読む気にはなりません。プロダクトなど有形のものであれば写真を添えることもできますが、サービスなど無形のものの場合は、写真でイメージを伝えるのが難しいことも。そこで活きてくるのがイラストです。

　写真もイラストも、ターゲットの興味を引くアイキャッチの要素として活用することができますが、イラストは写真とは異なり、面白さや楽しさ、強さ、やわらかさなど情緒をデフォルメして表現することができます。また、イラストを活用することで情報を整理しやすくなるのも強みと言えます。

わかりやすく伝えやすい

例えば道順など簡単な内容でも、
文章だとどうも伝わりにくいことが多々あります。
そういうときはイラストや図版で表現してみましょう。

さるやま駅の改札を出るとロータリーがある。それをまっすぐ歩くと突き当たるのでそこを右折。しばらく歩くと郵便局が左に出てくるので、郵便局の先にある脇道を左折し、そのまま歩いて突き当たるT字路を右折。ゆるやかなカーブを道なりに歩くと、川が出てくるのでそれを渡り、突き当たったT字路を左折。右手に見えてくるのが犬の家です。

長い……

イラストにすると
イメージしやすく
わかりやすい！

HERE!
山へ
海へ
〒
Book
さるやま駅

イラスト発注のときは
簡単なラフを描いてくれると
間違いがないよ

41 イラストの種類には何があるの？

イラストにもいろいろな役割がある

イラストには、役割ごとにさまざまな種類があります。
イラストを発注する前に、どんな種類のイラストが
必要なのか考えましょう。

1 挿絵／カット

テキストの補足や紙面のあしらいとして入る。手描きのやわらかい線（上）とIllustratorでのすっきりとした描画の線（下）とでは、紙面の印象が異なる

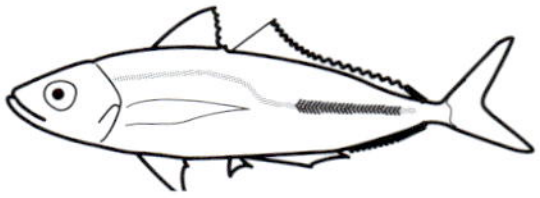

2 漫画

ストーリー仕立てになっているため理解しやすく、絵面から情緒も伝わるので余計な補足文が不要となる。若い層に届けたいときにも効果的な手法

イラストの役割はいくつかあり、大きくは図解と装飾に分けられます。説明がよりわかりやすくなるようにイメージとして補足するものと、紙面を華やかにしてアイキャッチ的な役割を担うもの、と考えるとわかりやすいかもしれません。

またタッチもいろいろあり、イラストレーターの個性によって見た目や印象が大きく変わってきます。例えば手描きのものはやわらかでゆるい印象になりやすく、パソコンの均一な線で描かれたものはすっきりと明確な印象を与えます。制作したい広報ツールの目的や、ターゲット層とマッチするイラスト表現を上手に用いれば、「伝わる」力も格段にアップするはずです。

3 図解

事柄や物事の概念を、図を用いて説明する。取り扱い説明書などのように、詳細な補足が必要な場合は線画(上)を用いることが多く、それぞれの関係を示す概念図は余分な要素を削ぎ落とした象徴的なイラスト(下)を用いることが多い

図説

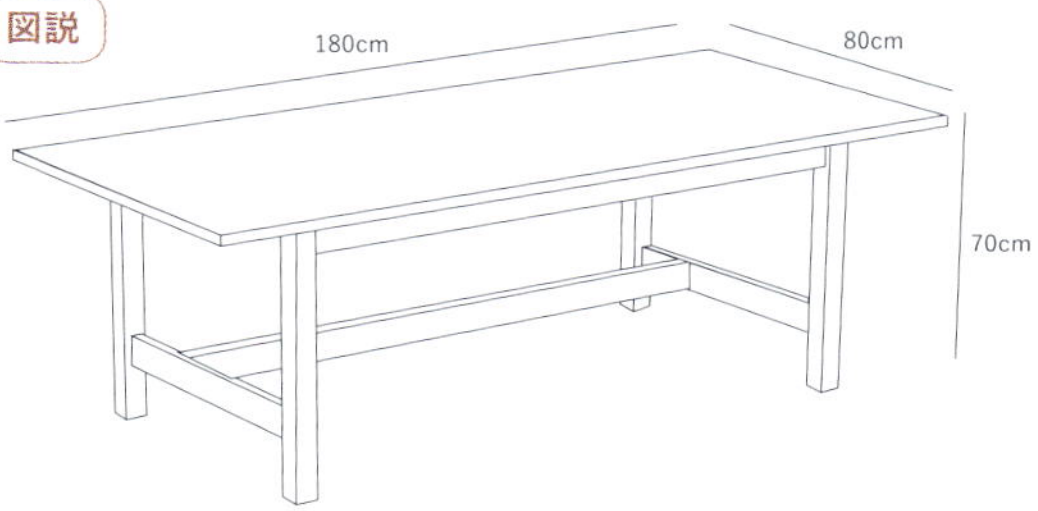

概念図

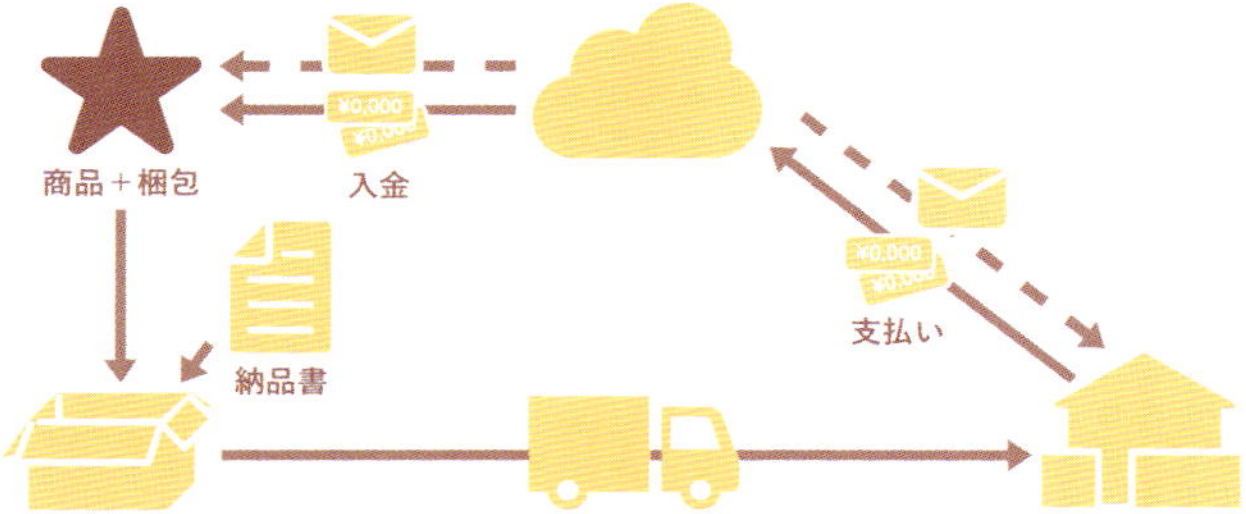

5 一枚絵

ポスターや書籍の表紙などに用いられるイラストで、四角一面に描いてもらう。デザインのメインとなる

4 背景・地

背景のあしらいとして使う。柄(パターン)の場合や、モチーフを紙面の余白に置く場合などがある

42 イラストレーターの探し方

本や雑誌、チラシやポスターには多くのイラストが起用されています。そのため普段からよく目にしているはずなのですが、いざ自分が依頼するとなると、どうやって見つけて、どのように連絡を取ればよいのか悩んでしまうこともあるのではないでしょうか。

ベストなのは、普段からアンテナを張り、ストックを作っておくことです。本屋や街で、気になるイラストが使われている印刷物を発見したら、メモを取って後から調べられるようにしておくとよいでしょう。流行りのイラストの傾向も、何となくつかめるようになるはずです。また好きなイラストレーターのSNSをフォローしておくのもおすすめです。

実物から探そう

街中の印刷物を見てみる

気になるイラストが載っている印刷物をチェックしよう。本の場合は、クレジットを見れば、イラストレーター名も調べられる(P117参照)。チラシやポスターも、クレジットが小さく載っている場合もあれば、関連のウェブサイトなどに記載していることもある

ホームページをチェック

気になるイラストレーターが見つかったら、ホームページをチェックしてみよう。仕事の実績や、また違ったタッチのイラストなどが掲載されているので、発注時の参考になる。問い合わせてポートフォリオを見せてもらうのも◎

手っ取り早く調べるなら

イラストレーターの紹介をテーマにした雑誌や書籍なら、
商業で仕事をしている人がほとんどなので、
仕事に直結しそうな人が見つかりやすいです。

『illustration』
イラストを専門にした月刊誌。人気イラストレーターの特集など毎号企画が充実していて、今のトレンドをつかみやすい
（玄光社刊）

『イラストレーションファイル 2018 上巻』
毎年発売されるイラストレーター年鑑。新しい作家から重鎮まで掲載されていて、連絡先も記載
（玄光社刊、2018年）

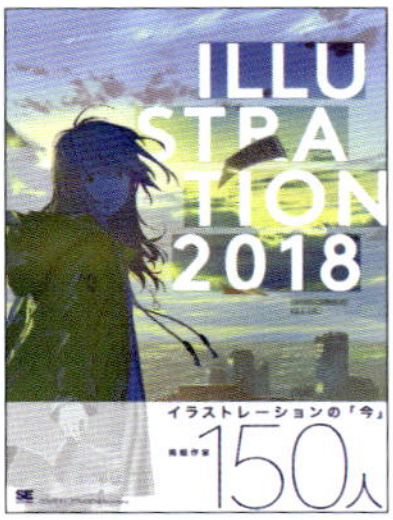

『ILLUSTRATION 2018』
ポップカルチャーから現代美術、ネットカルチャーまでさまざまなタイプのイラストレーターを150名掲載する
（平泉康児・編、翔泳社刊、2018年）

Hint デジタルのサービスを駆使する

常日頃からアンテナを張り、引き出しを増やしておくために利用すると便利なのが、SNSなどのサービスです。イラストレーターは、SNSのInstagramやTumblrなどを使って作品を投稿している人が多いので、誰か一人をフォローすれば、芋づる式に他のイラストレーターの情報が入ってくるようになります。また、Pinterestで検索をすると、いろいろなテイストのイラストを見ることができるので、イメージが膨らむはずです。「こんな感じのイラストを使ってみたい」というアイデアをデザイナーと共有するツールとしても活用できるでしょう。

依頼のときに必要な情報

43

イラスト発注の仕方は？

イラスト発注の前に確認！

依頼成立後にキャンセル…ということが起きないように、イラスト起用の方向性について、社内やデザイナーとの確認を確実に行うこと。二次使用についても検討しておくとよい

依頼時に確認

- □ **企画概要の説明・作業期間**
  どんな媒体でどのように掲載されるのか、企画の趣旨や配布時期、全体の作業スケジュールなどを説明する
- □ **点数とだいたいのサイズ・色数**
  イラストの依頼点数と、だいたいのサイズ、色数（フルカラーか、1〜2色印刷なのか）を伝える
- □ **修正の回数や条件**
  作業の流れをお互いで把握する。ラフの段階で修正は何回までか、仕上げの後の大幅な修正は有料か、など
- □ **ギャランティの提示**
  1点いくらか、またはグロスで（まとめて）いくらになるかなどの相談。依頼内容を伝えて見積もりを出してもらうことも。また、カットであれば二次使用についての条件も伝える

イラストは、発注をする段階で詳細なイメージがあるほうが、後で起こりがちな修正を防げます。とはいえ、ラフの通りにイラストを起こすタイプもいれば、その紙面や販促物の中で、クライアントが伝えたいことを自分なりに解釈をして、イラストに自分の考えを盛り込んでから提案するタイプもいます。ラフは絶対ではないということを伝えておくとよいでしょう。

これから作る販促物をどんなものにしたいのかは、編集を担う人が舵を取りますが、具現化するのはデザイナーです。掲載するイラストのテイストはデザイナーにも確認してみましょう。

イラスト発注時の注意点

お互いの認識がずれているとトラブルのもとになりがち。
打ち合わせ時や、メールでしっかり意思疎通を図りましょう。
仕事の規模によっては発注書と契約書を交わすのも安全です。

キャラクター制作とイラストカットは別もの

あしらいとして入れるカットイラストと、企業や商品のキャラクターとして扱うイラストは依頼も費用も別ものになる。キャラクターの制作は会社のロゴと同じで完全オリジナルのため、ギャラも高額に

構図はラフの段階で伝える

イラストサイズを伝えるときに、縦構図か横構図かもきちんと説明しておこう。「伝わるだろう」と思って明確にしておかないと、簡単な修正ではなく、まるごと描き直しをお願いしないといけない事態に

Hint イラストの色付けはどうする？

モノクロ印刷と決まっている場合以外は、紙面に使う色を誰かが決めなくてはいけません。その場合、イニシアチブは誰が持つのでしょうか。実際、配色はデザインのトーンと密接にかかわるため、デザイナーから提案をもらいますが、プロジェクトの趣旨と合わせて編集担当者が決定していくことが多いです。それをイラストレーターに伝え、色付け作業をしてもらいます。しかし、イラストレーターの色使い自体が作品として特徴的である場合や、イラストメインの制作物である場合は、色付けの提案まで含めてイラストレーターにお任せすることもあります。

44 イラストが仕上がるまで

イラストラフをもらう

打ち合わせの段階で、「こんなイラストを描いてほしい」というラフを用意して渡します。
それをもとにイラストレーターにイラストラフを描いてもらうと、
齟齬が出にくく、修正回数も減らすことができます。

1 ラフとサイズを渡す

編集担当あるいはデザイナーからイラストレーターに、どんなイラストを描いてほしいかと、どんなサイズで使用するかを明記したラフを渡す

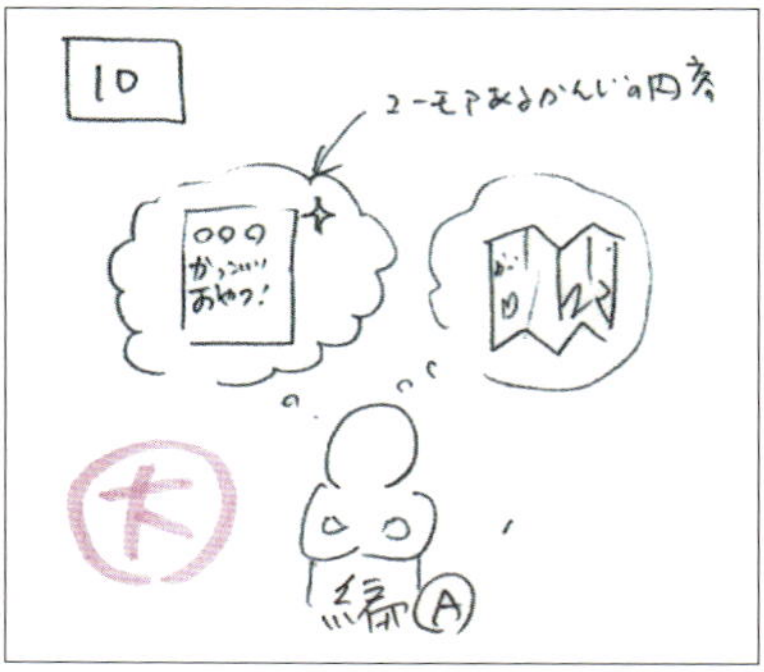

2 イラストラフが上がる

編集者のラフをもとに、イラストレーターがイラストラフをUPする。修正点があれば、この段階でやり取りする

イラストの発注〜納品までの一般的な流れは、まず編集担当者またはデザイナーからイラストレーターへ、どんなイラストを描いて欲しいかが伝わるようなラフと、必要なサイズを明記した資料を渡します。次にイラストレーターがその資料をもとにラフを描いて見せてくれます。修正希望があれば、具体的に要望を出して、手直しをしてもらいましょう。手描き文字を描いてもらう場合などはスペルや漢字もしっかり確認します。その後、ペン入れして線を整えた本番データを納品してもらうという流れになります。

デジタルか完全な手描きかによって納品の形式が変わることもあるので、事前に確認しておきましょう。

本番データをもらう

本番データがUPされたら、デザイナーやDTPオペレーターに渡しましょう。
ペン入れされたイラストをはめると、一気に雰囲気が変わります。

ワンダフル!
本格派
DOG
FOOD
DOG
FOOD

3 仕上がり

線を整え、カラーイラストの場合は色付けした状態で納品される。色数や色の指定がある場合は、依頼の時点で伝えておくこと。イラストラフの段階で大体の色付けを見せてもらうこともできる

仕上がってから修正が入らないようにイラストラフでしっかり確認してほしいぞ!

Hint 制作方法を事前に知っておこう

パソコンを使用してイラストを描く人も増えていますが、手描きの人もまだまだ多くいます。手描きの場合は、紙にイラストを描き、スキャンしてデータ化したものをPhotoshopなどで加工して仕上げていきます(すべて手描きの人もいます)。このような制作方法の場合、スキャンしてデータ化した後に大きな修正が入ってしまうと、最初から描き直しをしなければなりません。そのため、イラストラフの段階で、しっかりと仕上がりのイメージを固めておく必要があります。後で困らないように打ち合わせの段階で、どのような方法でイラストを描いているかをヒアリングしておきましょう。

COLUMN B

起きがちなトラブルとその対策

社内での意見がひっくり返り、追加のギャランティが必要に！

担当からはOKをもらっていたのに、イラストの本番データを作る段階、あるいはデザインを整えていく最終段階で、「上長からNGが出てしまったのでやり直してほしい」と、まったく違うものを再度依頼されて困ってしまった……という話は、さまざまなクリエイターから聞かされる話です。この場合、クリエイター側の作業量からすると新規依頼を受けたようなものなので、ギャランティの増額を請求するのも当然のことと思えます。しかし依頼側からすると、一つの案件に対する予算枠は決まっているので、増額への対応が難しいことが多いのではないでしょうか。このような板挟みが起きないために、特に会社のイメージに直結するような広報物を作るときには、社内への事前確認をしっかり行っておく必要があることを、改めて心に留めましょう。承認を受けたはずなのに「見ていない」と言われてしまうこともあるので、確認者のサインをもらっておくと、後から意見がひっくり返ったときにも安心です。

CHAPTER 5

デザイン

しっかり練って構成した企画や伝え方のイメージを、
人々の目に届く形で具現化するのがデザインの役割です。
かっこよく、おしゃれなだけではダメで、
伝えたいポイントがしっかり見せられているかなどが、
広報・販促ツールとしての制作物の出来を左右します。
デザインの基礎知識を身につけ、表現の引き出しを増やしましょう。

45 デザイナーの役割とは？

さまざまなデザイナー

アートディレクター（AD）

アートディレクターとは、デザイナーを総括する人のこと。雑誌や広告など多くのデザイナーが集まって作る場合、あらかじめADがデザインの指針を立てる。AD兼デザイナーとして仕事をする人もいれば、デザイン作業はまったくせずにADに徹する人もいる

エディトリアルデザイナー

エディトリアルデザイナーは、主に誌面のデザインをする人。詳しくはP110を参照。本の装丁（外装）だけを専門とする人は装丁家と呼ばれる

グラフィックデザイナー

主に平面のデザインをする人。チラシやポスターなどのペラものや、本の装丁、ロゴやラベルなど、活躍の場は多い

ウェブデザイナー

ウェブの見ための美しさや使いやすさを考えて作る人のことをウェブデザイナーと言う。実際に動くようにプログラムを書く人はコーディングを行うため、コーダーと呼ばれる

その他にもプロダクトデザイン、空間デザイン、サインデザインなど、あらゆるものに専門のデザイナーがいる

ひと口に「デザイナー」と言ってもいろいろな種類のデザイナーがいます。広報や販促、営業担当のみなさんが直接やり取りをするのはグラフィックデザイナーやエディトリアルデザイナー、ウェブデザイナーがほとんどでしょう。

デザイナーは編集担当者が整理・設計した情報をもとに、見た目を整え、ターゲットに届くような演出を施していきます。さらにウェブやエディトリアル（冊子類）は、情報が複数のページに渡るため、デザイナーは見栄えや情報整理面だけでなく、機能面も考えてデザインします。

素材として扱う写真やイラストの知識が豊富なデザイナーも多いので、悩んだら意見を聞いてみましょう。

デザイナーの仕事は料理のよう

料理人が客のオーダーに合わせて食材を選び、
美味しく調理して提供するのと同じように、
見た人を魅了する仕上がりにしてくれます。

このような素材で肉料理が食べたいです。でも凝ったのはNG！
編集担当者
素材
＝
写真や原稿、イラストなど。
ふむふむ。きっと求めているのはこういう仕上がりかな？
デザイナー
あえてオーソドックスなステーキで！
仕上がり・盛り付け
＝
カンプ、デザイン案
そうそう、これです！

46

エディトリアルデザインって？

雑誌デザインの仕事

編集者が書いたラフレイアウトをもとに、
写真やイラストなどの素材を使ってデザインしていきます。

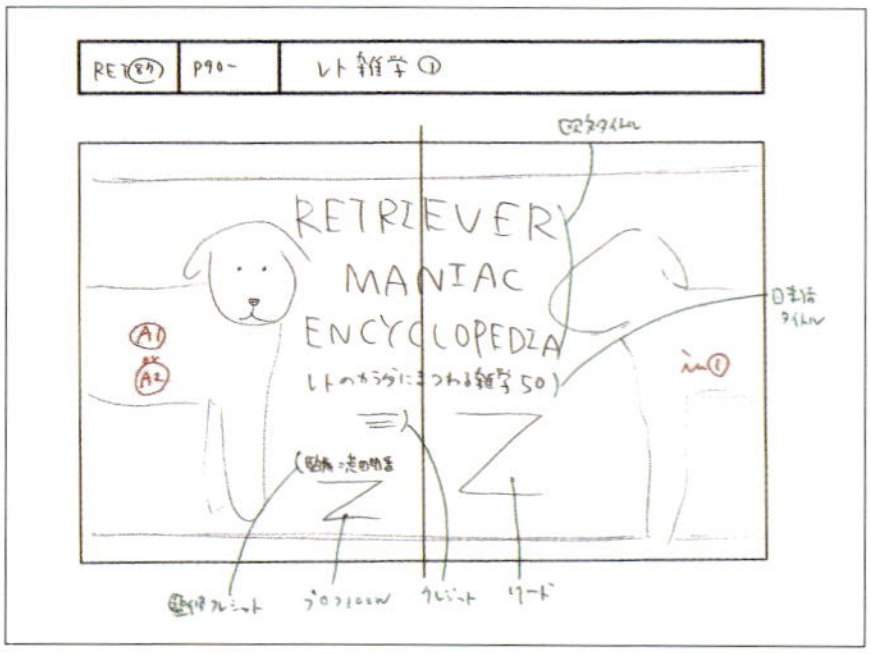

編集者

デザイナー

エディトリアルデザインとは、雑誌や書籍の誌面のデザインを指します。エディトリアルデザイナーはそれらを専門とする人のことで、誌面だけでなく、装丁のデザインをすることもあります。また、ページ数が多い印刷物は、フォーマット（枠組み）をデザイナーが作り、実際にレイアウトする作業はDTPが担うことも。

エディトリアルデザイナーの中でも得意とする分野があり、雑誌の誌面設計をメインで行う人や、書籍のみ、カタログのみをデザインする人、何でも行う人などさまざまです。媒体によってデザインの基本的な考え方が異なることもあるので、作りたい広報ツールに合わせてデザイナーを選ぶとよいでしょう。

書籍デザインの仕事

編集者のフォーマット用ラフをもとにデザイナーがフォーマットを作り、
実際の紙面デザインはDTPが行うことも多いです。

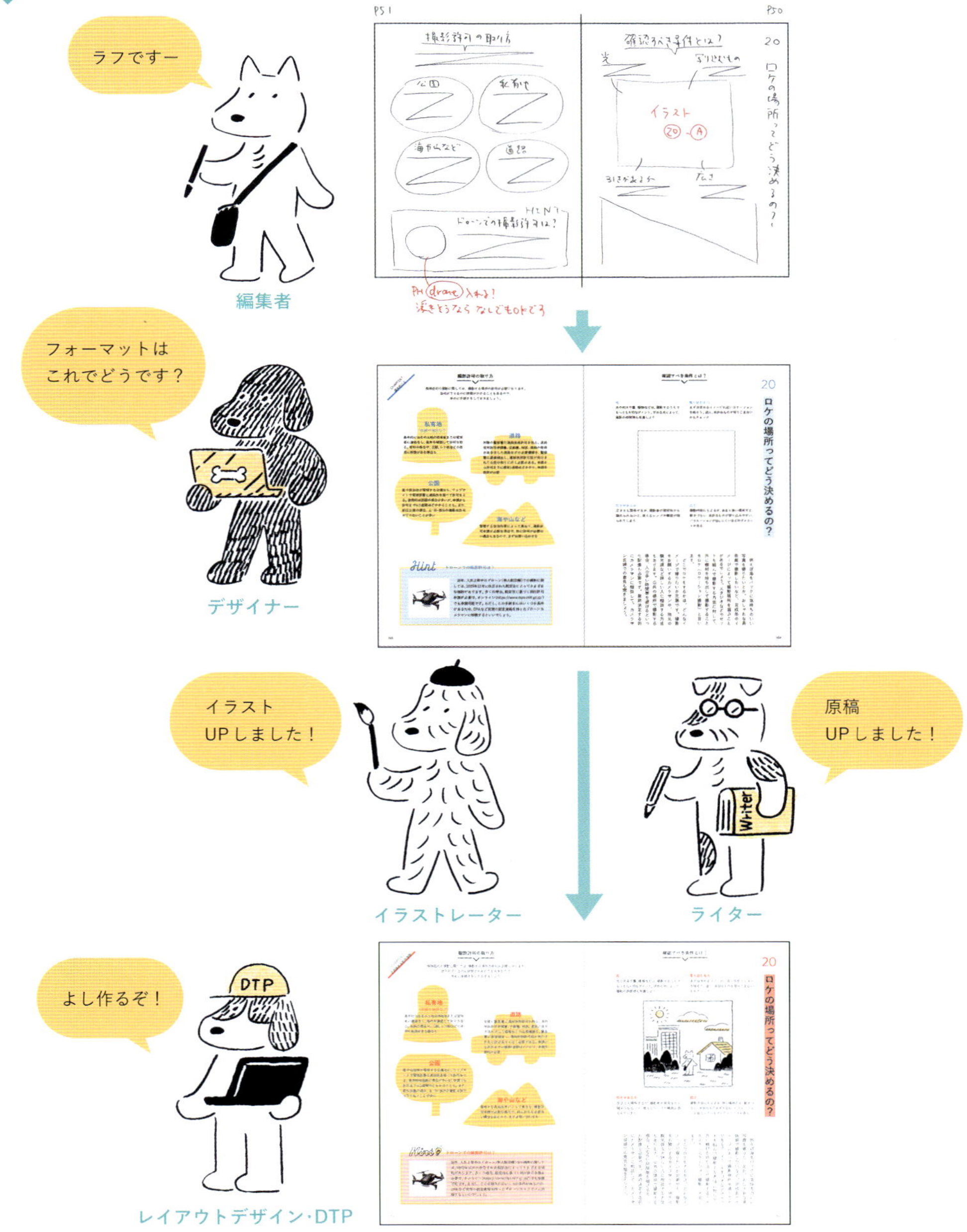

47

DTPって何?

カタログなどの制作で登場

ペラものでは登場しないDTPオペレーター。
ページ数が多いものでは、デザイナーの指示に従い
レイアウト作業をしてくれます。

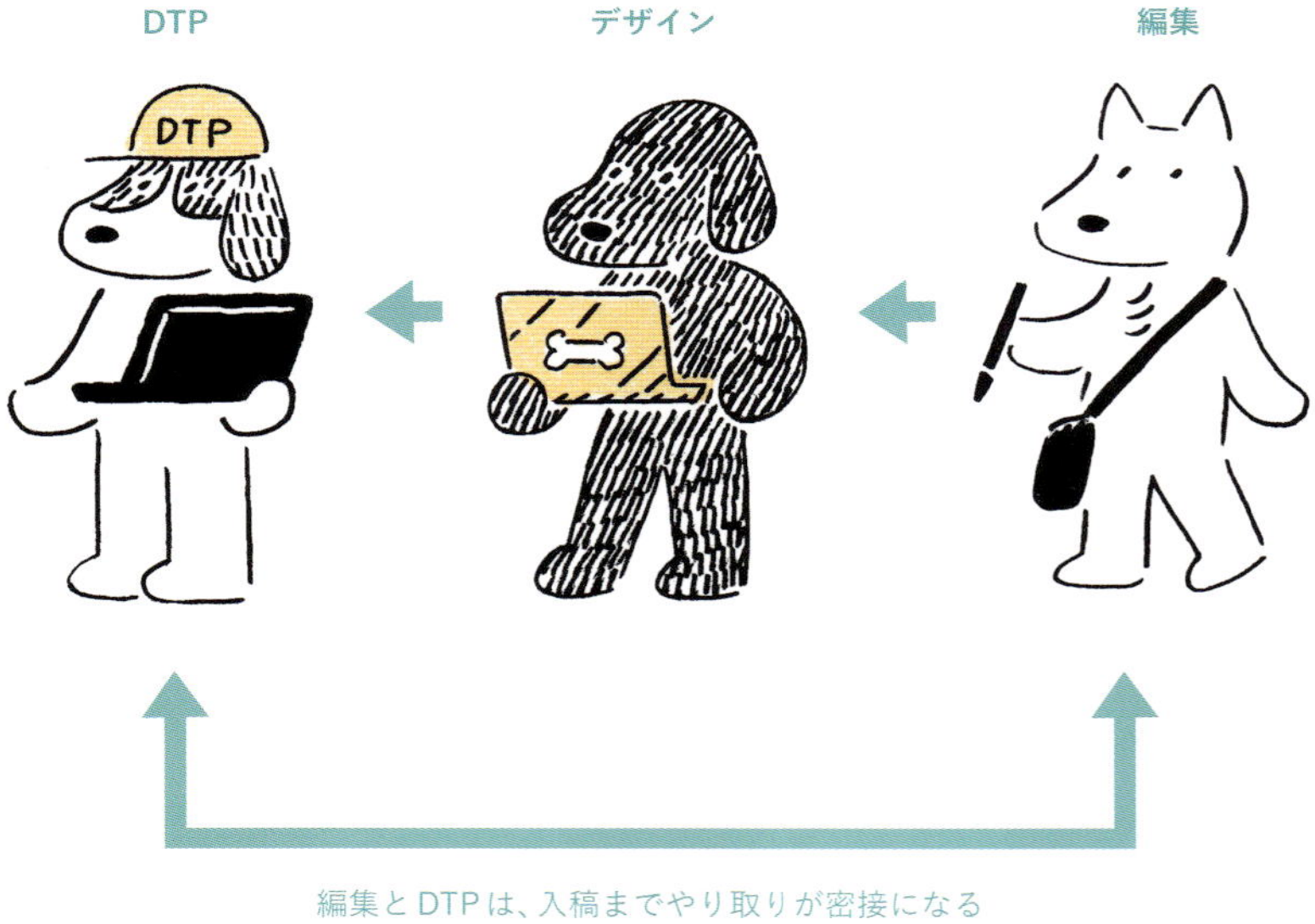

DTP
デザイン
編集
DTP
編集とDTPは、入稿までやり取りが密接になる

DTPとは、DeskTop Publishing（机でできる出版）のこと。紙面のレイアウトをして、印刷するための入稿データ／版下を作ります。DTPはデザイナーが行うこともありますが、DTP担当と作業を分担して時間の短縮を図ることもあります。

DTPオペレーターと呼ばれる人は、主にページが多いカタログや社史、社内報などで参加します。DTPは、デザイナーが見本として作成する、デザインされた紙面をもとに作業するため、デザイン要素が不明瞭だと対応ができません。作業的には、単純な文字修正作業から、効率よく作業できるようデータを作り変えてレイアウトする作業まで幅が広いと言えます。DTPだけのフリーランサーはデザイナーに比べて少なく、印刷会社やデザイン事務所に所属していることが多いです。

DTPオペレーターの仕事

DTPオペレーターは組版（レイアウト）のプロ。
流し込み作業だけではなく、効率よく作業するためのデータの整理や
InDesignの機能の割り当てなども仕事の一部です。

どんなことをしているの？

DTPオペレーターは、デザイナーが作ったデザインフォーマットをもとに、原稿や写真、イラストなどの素材の流し込みを行います。さらに、編集者の赤字の修正対応や入稿作業まで行うことが多いです。DTPオペレーターは、デザインフォーマットの指示を参考にしながらシステマチックにレイアウト作業が進められるよう、InDesignの機能を最大限に活用してレイアウトを行っていきます。そのため、決まった枠組みがなく、デザインの自由度が高いレイアウト作業の場合は、デザイナーからの細かい指示が必要となります。

DTPの具体的な作業内容は

- InDesignのデータの整理と、
  作業効率を上げるためのシステムの実装
- 原稿の流し込み
- 画像の変換作業（支給された画像を印刷用の画像に変換する）
- 画像やイラストの配置
- 文字修正
- デザインフォーマットに沿ったレイアウト修正

指示を出すときの注意点

- □ 原稿は文字数を守る
- □ 紙面に記入する赤字は明確に、丁寧に書く
- □ 長い文章を修正するときは、差し替えテキストを用意する
- □ レイアウト変更希望は、ラフをつける
- □ 口頭やメール、チャットなどで赤字を指示しない
- □ 修正指示以外のことを書き込まない

Hint 最終データは印刷所から取り寄せておこう

DTPオペレーターが印刷所へ入稿した場合、最終のデザインデータはデザイナーではなくオペレーターが持っています。DTPオペーレータの手を離れた後に、印刷所で修正が発生した場合は、印刷所に最終データがあります。基本的にデータの保管期間は印刷会社によって異なるため、最終データはなるべく早めに手元に取り寄せておくことをおすすめします。

48

デザイナーに発注したい！

発注するときに必要な内容

トラブルを避けるためにも
費用にかかわることは事前に
社内で確認と許可を得ておきましょう。

案件を確定させる

不確かな案件のまま、デザイナーに依頼するのは避けよう。そのためにも、社内で内容を確定し、予算がある程度確保された状態でスタートを切るのが望ましい

依頼

ギャランティや作業内容がほぼ確定されていて、動かしようがない場合は依頼としてコンタクトしよう

相談

依頼内容を練ってよりベストな案にしたいときは、デザイナーに負担がないレベルで相談するのもよい

デザイナーに発注するときに、今一度確認したいのが、どんな販促物を作りたいのか、なぜ作るのかなど、企画そのものについて。デザイナーは企画の趣旨を核にデザインを考えます。そこが不明瞭で無駄に意見を二転三転すると、デザイナーを消耗させてしまいます。

　具体的にイメージができれば、どのくらいの作業量が必要なのか、制作期間はどのくらい必要か、ギャラはいくらくらいかなどが割り出せます。相場がわからないようであれば、デザイナーに直接聞いてもよいでしょう。また、電話で依頼した場合も、金額や作業内容などが記録として残るよう、議事録として、できるだけ当日中にメールも送るとよいでしょう。

デザイン発注時に準備する3点セット

この3点セットを用意して、
ラフレイアウトを見せながらデザイナーと打ち合わせをします。

1 ラフレイアウト

写真やイラスト、テキストの入る位置がわかるように書き込み、番号を振る。発注時に用意していないテキストデータがある場合は、文字数の目安を記入しておく

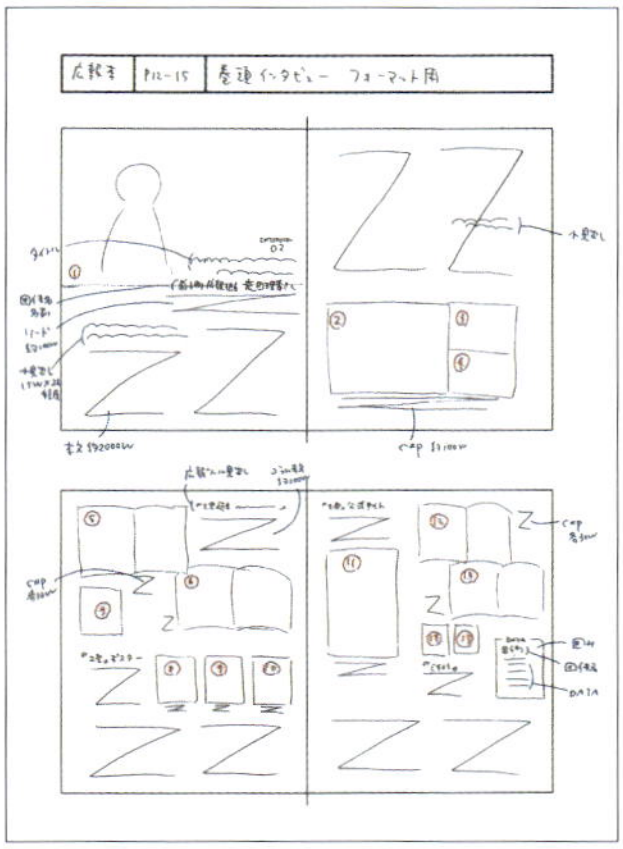

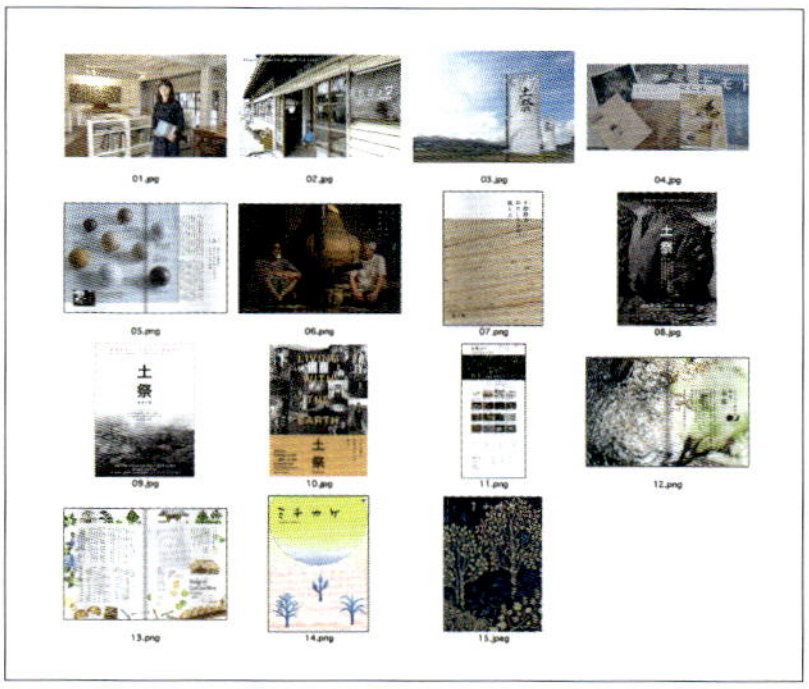

2 画像・イラストデータ

発注時には、アタリ画像データやイラストラフでも、デザインを進められる。本番データが届いたら、デザイナーかDTPに差し替えてもらう

3 テキストデータ

後割り(P124参照)の場合はすべてのテキストを用意し、先割りの場合はタイトルや見出し、文字量が決まっている商品名や商品の仕様などのテキストだけを用意する

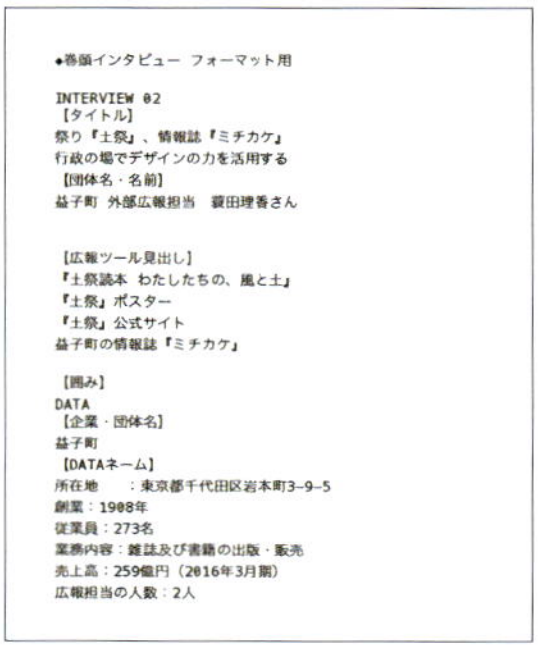

◆巻頭インタビュー　フォーマット用

INTERVIEW 02
【タイトル】
祭り『土祭』、情報誌『ミチカケ』
行政の場でデザインの力を活用する
【団体名・名前】
益子町 外部広報担当　簑田理香さん

【広報ツール見出し】
『土祭読本 わたしたちの、風と土』
『土祭』ポスター
『土祭』公式サイト
益子町の情報誌『ミチカケ』

【囲み】
DATA
【企業・団体名】
益子町
【DATAネーム】
所在地　　：東京都千代田区岩本町3-9-5
創業：1908年
従業員：273名
業務内容：雑誌及び書籍の出版・販売
売上高：259億円（2016年3月期）
広報担当の人数：2人

Hint　二次使用するか未定の場合は？

まだ予定がなくても、後々、別の関連メディアで同じデザインを使いたくなるケースが出てくることがあります。よくあるのは印刷物からウェブサイトへの転用で、デザイナーが紙メディア用に制作したパーツを改変して使用するケースです。無断使用や勝手な改変は言語道断。事前にその可能性を踏まえて、二次使用が発生した場合について、使用の可否や支払いの有無を、メールなど履歴が残るもので交わしておきましょう。

49 デザイナーの探し方

デザイン関連の本でチェック

今活躍している、
旬なクリエイターや流行りのテイストを探すなら、
出版物をチェック！

目的・テーマ別

デザインの事例集はさまざまな切り口で発売されている。
作る販促物の内容に応じて選んでみよう

『地域の魅力を伝えるデザイン』
地域の魅力を伝える紙メディアの事例を、制作者の話とともに紹介（BNN刊、2014年）

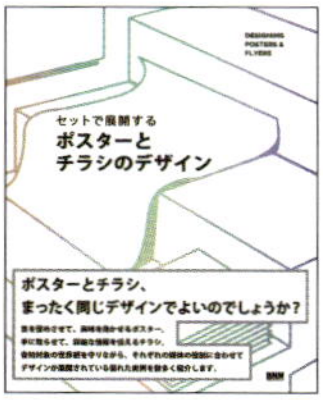

『セットで展開するポスターとチラシのデザイン』
ポスターとチラシをセットでデザインする際の展開例を見せた事例集（BNN刊、2017年）

年鑑タイプ

実績のあるデザイナーが数多く掲載されている。
とにかくたくさんのデザイナーを知りたいときにおすすめ

『MdNデザイナーズファイル2018』
国内外で活躍するデザイナーの最新の仕事とプロフィールを掲載（MdN刊、2018年）

『広告&CM年鑑2018（コマーシャル・フォト・シリーズ）』
ポスターからCMまで幅広く扱う。さまざまな作品を一気に閲覧でき、情報量も多い（玄光社刊、2018年）

案件やイメージに合ったデザイナーを探すには、常日頃から印刷物をチェックしておくのがベストです。完成形のイメージもつきやすいですし、デザインやテイストの流行りがつかめます。

ただし、販促物を作るうえで急いでデザイナーを探さないといけない場合は、デザイナー年鑑などデザイナーそのものを紹介する本や、目的別にデザイン作品を集めた事例集などが手早く探せておすすめです。掲載している作品には、必ずクレジットがあり、多くは問い合わせ先やウェブサイトのURLが記載されています。

デザイナーへ依頼や相談の連絡をするときは、次項の内容を参考に、具体的な内容で問い合わせましょう。

クレジットを確認しよう

気になる出版物や印刷物を見つけたら、
制作者スタッフのクレジットを確認しておきましょう。

書店調査をする

大型書店に行ける環境であれば、いろいろなテイストの出版物を片っ端から見てアイデアをもらおう。イメージの共有として打ち合わせでも使えるので、参考資料として購入も検討するとよい

スタッフを確認

本の場合は、主に発行元の編集担当、外部の編集協力者、デザイナー、図版制作者、イラストレーター、カメラマン、ライターなどが制作に携わる。気になるデザインの出版物があったら、クレジットが掲載されている箇所を押さえて、デザイナーの名前をメモしておこう

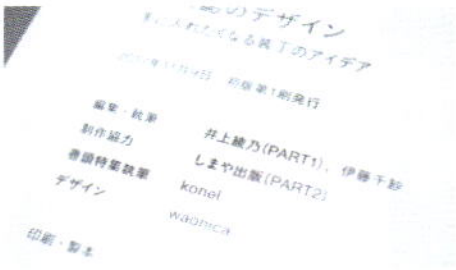

本の場合

ほとんどが本のいちばん最後のページ（奥付〔おくづけ〕と呼ばれる）にまとめて掲載されている

雑誌の場合 1

雑誌の場合、雑誌本体の制作スタッフクレジットは、冒頭の目次の脇や、奥付などに小さく掲載されている

雑誌の場合 2

雑誌は企画ごとに担当者が異なるため、企画のタイトルの下にクレジットが掲載されることも多い

Hint 書店が近くにないときは、ネットを活用してみよう

地域によっては書店に行くことがなかなか困難なことも。その場合は、通販サイト『Amazon』の Amazon Kindle Unlimited や、プライム会員になっていれば、Prime Reading という読み放題のサービスを活用してみるのもおすすめです。それぞれのサービスで定められた書籍や雑誌のみですが、多くの出版物を閲覧することができます。

50

デザイナーにどこまでお願いできる？

デザイナーは何でもできる？

デザイナーの中には、図版などのデザインパーツを作ったり
イラストが描ける人もいますが、
本来のデザイン作業には含まれないものとして考えましょう！

デザイナーは魔法使いや手品師ではない！

制作会社や代理店に依頼する場合は、必要なスタッフを担当営業がすべて手配してくれます。自分で手配をするときは、デザイナーについつい頼りがち。自信がないときは相談するほうがよいのですが、何でも引き受けてくれると思わずに相談しましょう。イラストや図版制作は、紙面デザインのギャランティとは別に予算が発生します。デザイナーが引き受けてくれる場合は、作業日数も考慮しましょう。

　突然新しい素材が必要になるような事態を防ぐため、デザイナー、カメラマンなど各スタッフには、発注時に作りたいもののイメージを伝え、現時点で必要となる要素をヒアリングしておくとよいでしょう。

デザイナーとのかかわり方

間に代理店や制作会社が入るかどうかで、
デザイナーとのかかわり方も変わります。
自分でやり取りする場合は、事前の細かい確認が必要となります。

代理店・制作会社に依頼

外部に制作一式を依頼する場合は制作会社や代理店がすべて行う

編集担当者

代理店や制作会社とやり取り

担当者によっては、橋渡しだけをする人もいるので、デザインの希望はしっかり伝えておくとよい

代理店・制作会社

カメラマン

デザイナー

直接やり取り

自分が編集者となってすべてを指示し、デザイナーとやり取りする場合は、細かい確認も自分で行う。自信がなければ、相談ベースで話をしよう

作業内容を確認する

- □ デザインの方向性の確認
- □ 図版やイラストパーツ制作の有無
- □ 画像の切り抜き作業の有無（P92参照）
- □ イラストレーターやカメラマンの選定ややり取りをどちらが行うか　など

編集担当者

ギャラ交渉から自分で決める

通常、雑誌など多くの人の目に留まるものと違って、販促や広告は相場が高くなる。ただし、制作会社に依頼するよりは総額を抑えられる

デザイナー

51

デザインをするときの考え方

具体的にイメージする

商品の特徴は？何を伝える？

商品にはどんな特徴があり、いちばん伝えたいウリは何かを考え、そのウリが引き立つデザインイメージを考える。例えばシャンプーなら、成分、香り、効果、ボトルの形状などの中からアピールポイントを抽出し、見せ方を検討していく

対象はどんな人？

自社の商品やサービスを使ってもらいたい購買層はどんな人だろうか。男性なのか女性なのか、若い世代かシニアなのか、セレブ向けか庶民向けか、高級の素材を好むのか、オーガニック系が好みかなどを明確にする

季節は？

季節に左右される商品ならマッチングする季節をデザインにも取り入れる。期間限定や、キャンペーンの期間などの情報も記載する

どこで配る？

手渡しするチラシなのか、郵送で送るものなのか、持ち帰ってもらうものか、その場で見て終わりのものかなどを確認

販促物を作る目的は、知ってもらう・覚えてもらうこと、そして購買につなげることであり、その行動を促すようなデザインが求められます。

上図に挙げた項目は、デザイナーがデザインするうえで知りたい情報の一例です。季節をもとに配色を考えたり、ウリが目立つレイアウトを検討したりするからです。また、ターゲットが関心を持つデザインのテイストはどんなものかを検討しながら、デザイン作業を進めていきます。

販促物を届けるうえでは、どこで配るか、どのようなサイズにするかも大切な要素です。ターゲットの女性に合わせて、手に取りやすい小さめの判型に……などと考えていきます。

デザインに落とし込もう

例えば商品のチラシを作る場合
商品の購買層や特徴をもとに
色味を考えたり、文字の大きさを意識したりします。

チラシを作るなら

例えばオーガニックを意識した商品のチラシを作ることになった場合を例に考えてみよう

レイアウト

販促物は商品名、商品画像、キャッチコピーなどの重要な要素が目立つように作られるべきで、それらがすぐ目に入るようなレイアウトを意識する。目線が散ったり、重要な要素が切れていないかチェックしよう

判型、種類

カバンに入るサイズにするか、店頭でもポップとして貼れるくらいの大きさにするかなどを検討する

書体や文字の内容

縦書きか横書きか、ゴシック体か明朝体か、文章が長く読まないと理解できないものか、パッと目に入っただけで頭に入る内容かなど、文字要素の見え方も重要となる

色味は？

いちばん伝えたい商品のイメージを邪魔しない配色になっているかどうか

右のビビッドなカラートーンは目立つが、オーガニックの商品のイメージには合わない

52 デザインと写真の関係性

写真はレイアウトに影響する

写真素材の扱い方は、レイアウト作業と大きく関係します。
新たに撮影をするときは、デザインの仕上がりをイメージした状態で
撮影に臨みましょう。

広報ツールを制作する際、対象物を魅力的に見せるために、写真素材は欠かせないデザイン要素となるでしょう。

何をいちばん大きく取り扱いたいのか、意図を示したラフレイアウトの重要性はここまでにも記してきましたが、編集（どれを見せたいか）と撮影（写真素材の準備）、そしてデザイン（どう魅せるか）は密接に関係するため、媒体によってはデザイナーに相談しながらラフを整えます。写真はどのくらいのサイズでレイアウトするのか、構図は縦なのか横なのか、スタイリングのテイストはどうするのかなども、ラフの段階で固めてから撮影すると、デザイン作業も混乱しません。

写真はデザインの仕上がりに影響する

商品とスタイリングのテイストが異なったり、
色味が合わない、季節感がズレているなどの違和感は
その写真を使うデザインにも影響が出ます。

ラフレイアウトが重要

イメージ写真はスタイリングなどの準備の段階からラフレイアウトを作って検討しよう。現場では、写真を切り抜きにするのか、カクハンにするか、構図が縦か横かなどの判断はラフを基準にして撮影する。仕上がった画像をセレクトし、デザイナーにラフとともに渡しておこう

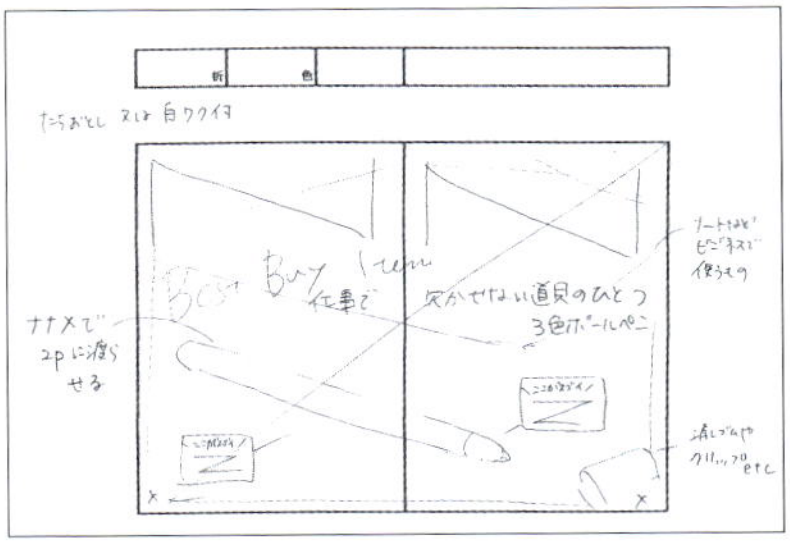

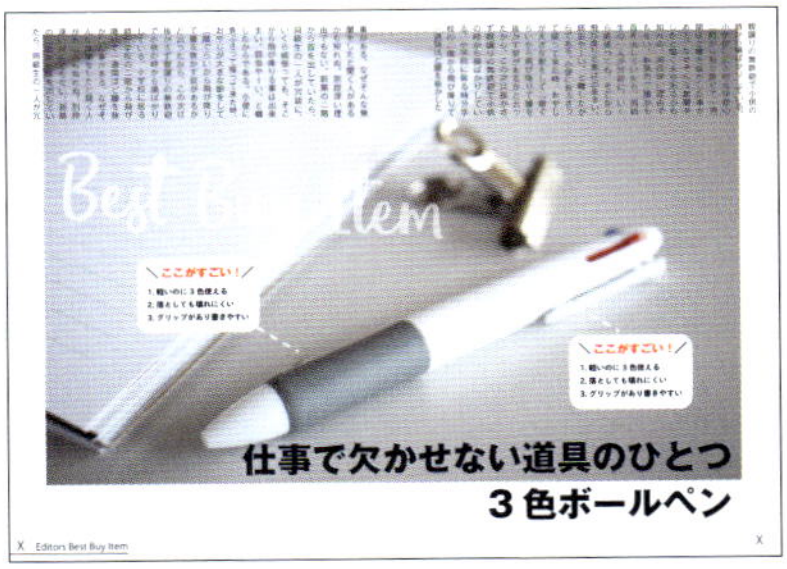

商品とスタイリングのテイストがあっているため、デザインもしやすく伝わりやすい

商品と、写真のテイストが異なりすぎてちぐはぐな印象に

Hint 借り写真や、ウェブからの流用画像の解像度に注意

すでに画像があるから新たに撮影はしなくてもよいと思っていたのに、デザイン作業の段階でデザイナーもしくはDTPから使えないと判断されることがあります。その原因の多くは解像度不足。解像度は自分でも簡単に確認することができます。Windowsであれば、画像ファイルを右クリックし、「概要」タブからプロパティを開けば解像度が表示されます。Macはプレビューで開き、画面上部に表示される「ツール」から「サイズを調整」を選択すればサイズや解像度が表示されるので、印刷物に流用できるデータかどうか、チェックをしてから新規撮影の有無を判断しましょう。

53 デザインと原稿の関係

デザインと原稿どっちが先？

デザインに合わせて原稿を書く場合と、
原稿に合わせてデザインしてもらう場合があり、
それぞれにメリットとデメリットがあります。

先割り（デザインが先）

ラフレイアウトと仮の素材で先にデザインを作成し、デザインを優先したレイアウトによって文字スペースや文字量を決定する。執筆を外注する場合、ここで決まった文字量でライターに依頼をする。仕上がりがイメージしやすいが、デザインを優先しすぎると文字が極端に小さく読めなかったり、必要な要素が抜け落ちていたりすることもあるので、注意が必要だ

デザイナー

ライター

後割り（原稿が先）

原稿がすでにある場合は、本番の要素としてデザイナーに渡し、文字量に合わせてデザインをしてもらう。この場合は、執筆にかかる前に、ある程度正確なラフレイアウトを作成して紙面を構成する要素（主に文字量）を決定しておく必要があるが、見せたい要素の優先順位などを付けた状態でデザインに入りやすい。ただし、事前の設計を間違えると、要素が入りきらなかったり、逆にスカスカしてしまうことも

編集担当者が、おおまかな文字量の目安や図版の有無を書いたラフをもとに、デザイナーがデザイン優先でレイアウトし、文字量などを決定することを「先割り」と言います。「後割り」は、用意した原稿や素材によってデザインを組んでもらう方法で、すでにある原稿を流用する場合や、制作期間がタイトなためにライターによる執筆とデザインを同時進行する場合、あるいは書籍などのように同じレイアウトが何ページも続く場合などに向いています。

「先割り」の場合も「後割り」の場合も、読ませたいコピーや添えるだけでよい注意書きなど、要素の優先順位を事前に共有しておくと、デザイン上の齟齬が出にくくなります。

どちらかを優先しすぎるとどうなる？

余白の美しさを求めるあまりに、伝えたい情報が収まりきらなかったり、
情報を詰め込みすぎるあまりに読みにくくなってしまったり、
その他にもさまざまな弊害が起こります。

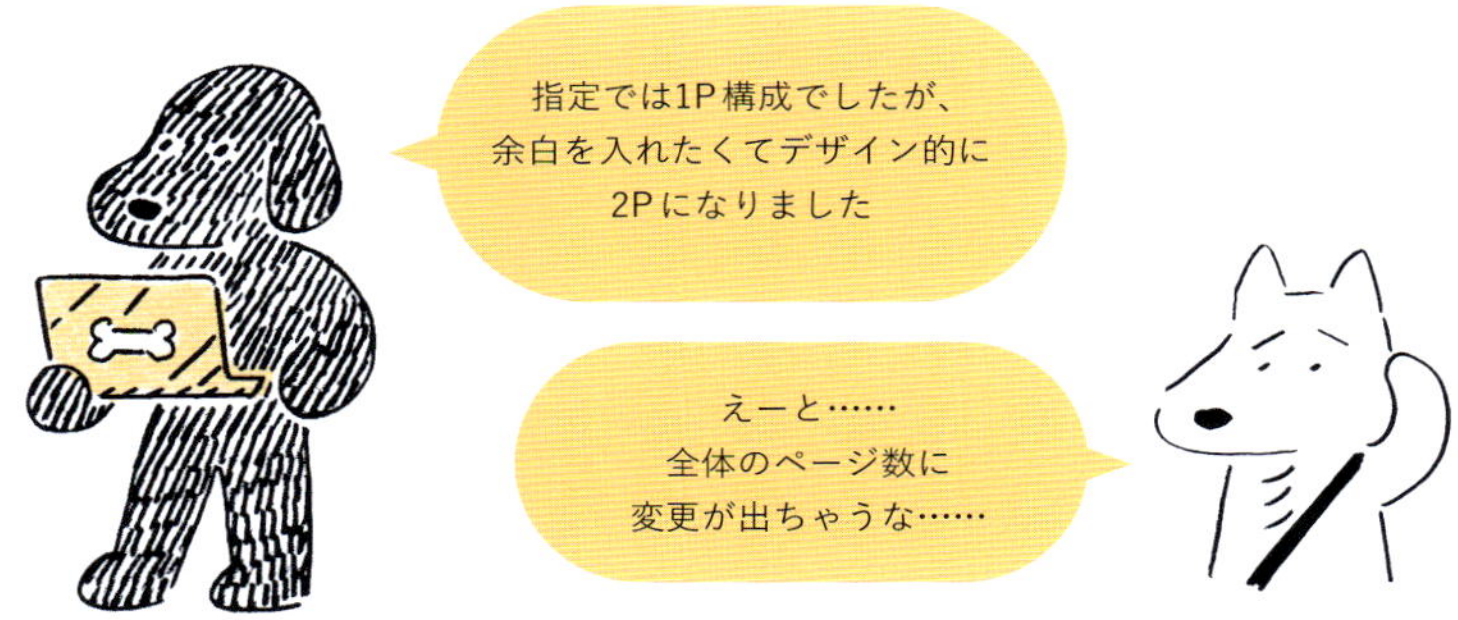
指定では1P構成でしたが、
余白を入れたくてデザイン的に
2Pになりました
えーと……
全体のページ数に
変更が出ちゃうな……

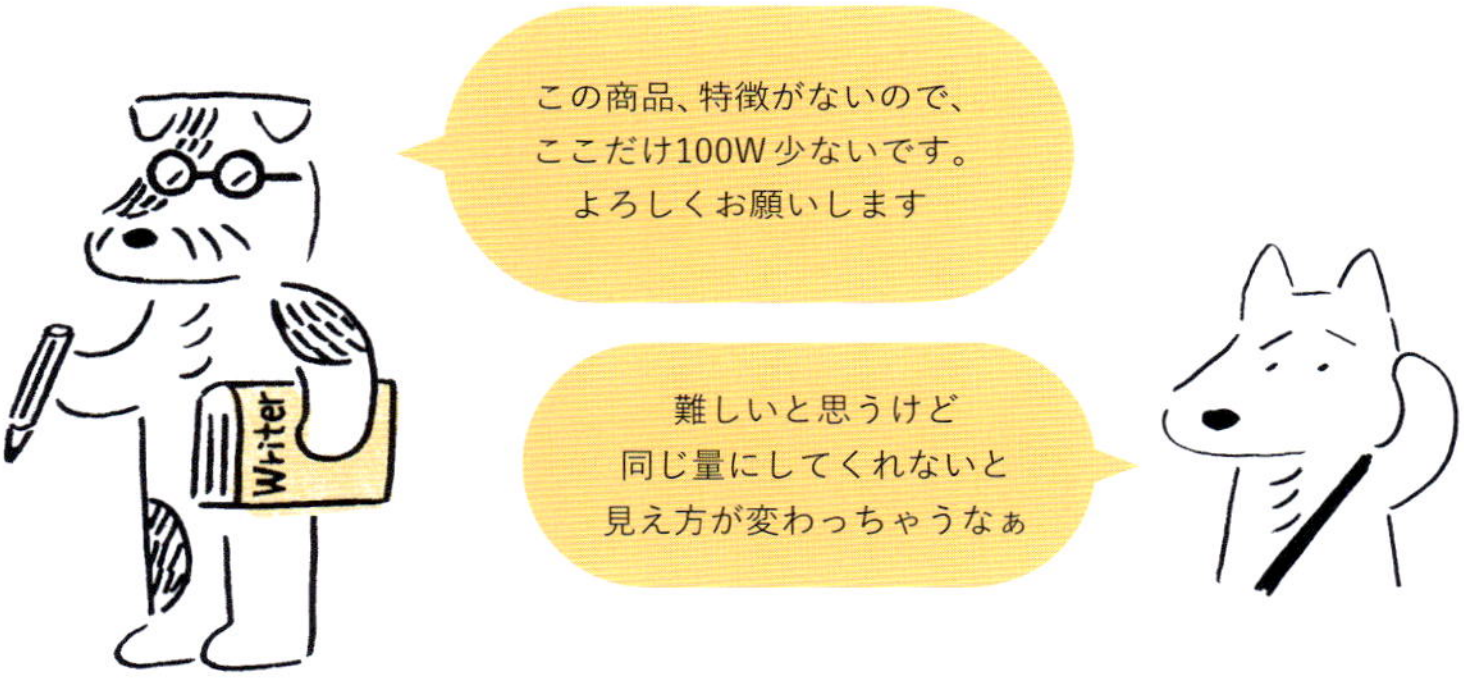
この商品、特徴がないので、
ここだけ100W少ないです。
よろしくお願いします
Writer
難しいと思うけど
同じ量にしてくれないと
見え方が変わっちゃうなぁ

編集者が決めよう

例えば冊子作りなどで、デザインを優先しすぎるとページ数が変わってしまうこともあり、印刷費用やページあたりの単価も変動する。プロジェクトの破綻を防ぐためにも、最終的な仕上がりの決定権は編集者が持つことを共通認識にしておこう

Hint 現実的なバランスを取ろう

デザインが優れているのは素晴らしいことです。販促ツールにおいては、人の目に触れ、手に取ってもらい、問い合わせや購入などのアクションにつなげるうえで、デザインの力が大きくかかわってきます。ただし、デザインだけにその負担がかかっているわけではなく、第一印象で人の心を奪うキャッチコピーや興味を引く商品（サービス）説明なども重要な役割を果たします。どちらのよさも活かせるようなバランスを探ってみましょう。

54 色使いのコツを知りたい

色の表現の基礎知識

普段私たちが目にする色には種類があり、
画面で表現される色と、
印刷物で表現される色は掛け合わせが異なります。

ウェブなどはRGB

パソコンやモバイルの画面で見える色は光の波長で色を生み、赤(R)、緑(G)、青(B)の3色で表現している。光で色を表現することから、印刷とは異なる鮮やかで明るい色の表現が可能。画面で見たままを印刷で再現することは難しく、画面上の色は参考程度としてとらえるようにしよう

印刷はCMYK

印刷物で色を表現する場合、シアン(C)、マゼンタ(M)、イエロー(Y)、黒(あるいはKey Plate)の4色のインクを掛け合わせて、さまざまな色を表現する。金や銀、蛍光色など、4色の掛け合わせで表現できない色は「特色」と呼ばれ、単色のインクで印刷する

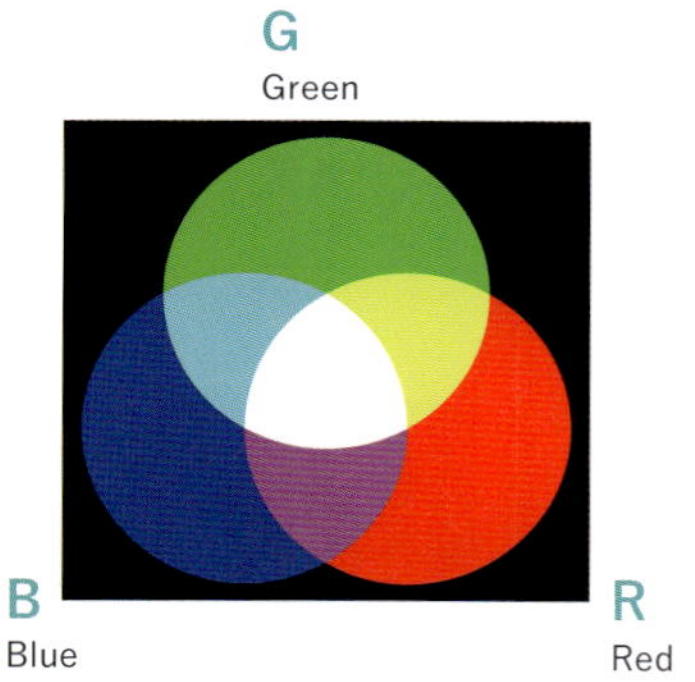

光の三原色(RGB)

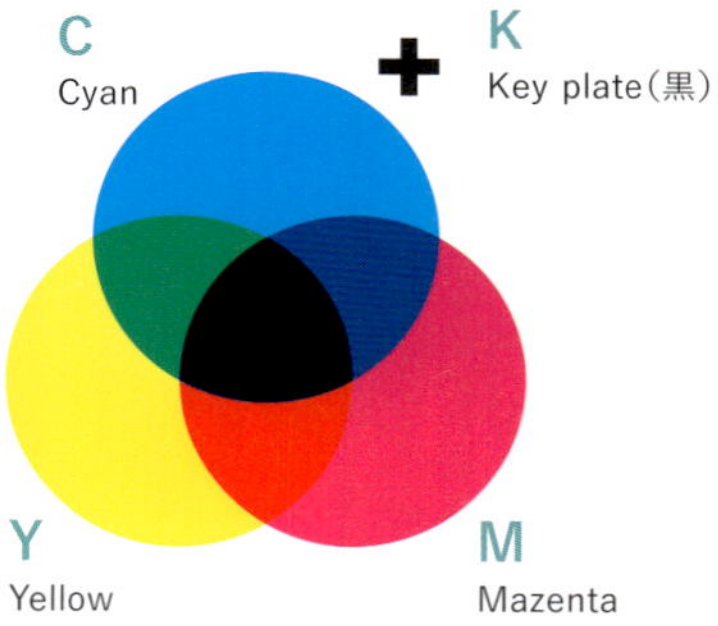

色の三原色(CMY)+K

色の仕組みや色構成の基本を知ることで、色使いのコツが見えてきやすくなります。

色には「明度」「彩度」「色調(トーン)」の三つの属性があります。トーンは明度と彩度のバランスによって作られ、グループ分けできます。色を組み合わせる場合は、同じグループのトーンでまとめるとバランスがよいとされていますが、1色だけ別のトーンを加えることで配色が引き締まることもあります。また、黄色と紫のように、あえて相反する色(＝補色)を組み合わせると対比がつき目立ちやすくなる、という効果も。自分の感性で配色を選ぶことも大切ですが、既存でよしとされている配色を勉強するとよいでしょう。

色の属性を理解する

色の明るさや暗さの基準を「明度」、
色の鮮やかさの基準を「彩度」、
それら二つによる色の変化を「色調(トーン)」と言います。

有彩色

無彩色

明度

高い・明るい　低い・暗い

彩度

高い・鮮やか　低い・淡い

彩度が低い

明度と彩度が低い

赤は少し明度を
高く、彩度を低く
してみました
つまり、
ピンクって
ことか…

色調(色のトーン)　カラーチャートの一例
有彩色が明度と彩度によって変化した色味のまとまり

ビビットトーン

ダークトーン

ペールトーン

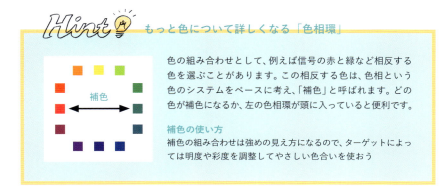

ミドルグレイリッシュトーン

グレイリッシュトーン

ベリーダークトーン

Hint もっと色について詳しくなる「色相環」

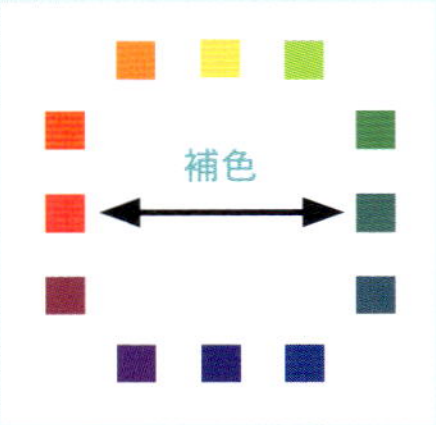
補色

色の組み合わせとして、例えば信号の赤と緑など相反する色を選ぶことがあります。この相反する色は、色相という色のシステムをベースに考え、「補色」と呼ばれます。どの色が補色になるか、左の色相環が頭に入っていると便利です。

補色の使い方
補色の組み合わせは強めの見え方になるので、ターゲットによっては明度や彩度を調整してやさしい色合いを使おう

フォントの基本

55 フォントによってどう変わる？

どのフォントを使うかで、制作物の印象が大きく変わります。
和文・欧文ともに大きく三つのカテゴリに分けて考えると
フォントを選択しやすくなるでしょう。

フォントの形状の基本

世の中にはいろいろなフォントがあるが、まず以下の和文、欧文の大分類をおさえることで、使うべきフォントの選択肢を絞ることができる

和文

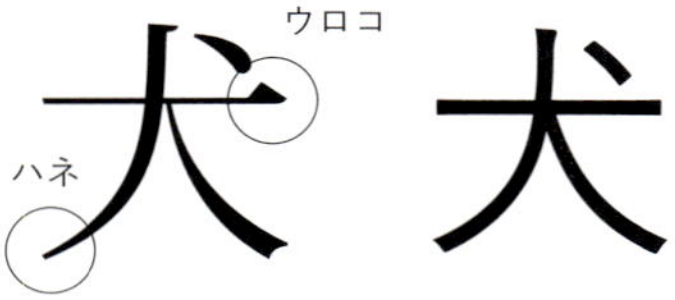

明朝体

ウロコやハネなど、筆で書いたときの特徴が残るスタイル

ゴシック体

均一な太さで表現されたスタイル。目立ちやすい

欧文

セリフ体

セリフと呼ぶ飾りがあり、装飾的・伝統的なスタイル

サンセリフ体

均一な太さで表現されたスタイル。カジュアルな印象

Few dogs at Sayuyama station
さるやま駅には犬が少ない

デザインフォント

ゴシックや明朝をもとに、さらにデザイン要素が足されたフォントもある

Few dogs at Sayuyama station
さるやま駅には犬が少ない

手書きフォント

手書き文字や、筆で書いたような個性的なフォントもある

商品やサービスにデザインのガイドラインが設定されていない場合、販促物のデザイン担当者は、イメージの方向づけを請け負うことになります。広報担当者は、あらかじめ自社商品やサービスのイメージや購買層をしっかりと伝えてあげましょう。

デザインのイメージは、使用するフォントによっても印象が大きく変わります。例えば、上図で紹介したようなゴシック体やサンセリフ体は細い書体だとスタイリッシュに、太い書体だとカジュアルになります。明朝体やセリフ体は、上品で真面目な印象を持たせやすいです。デザイナーが選んだ書体に違和感があるなど、変更を希望する場合は、早めの提案を心がけましょう。

フォントを選ぶバランス

目立ち具合や可読性を考えつつも、
打ち出したい自社のサービスや商品とフォントのテイストが
マッチするフォントを選びたいものです。

ターゲットと伝えたい印象のバランスを考えよう

デザイナーに依頼するときは、自社のサービスや商品の購買層(世代や属性など)を伝えよう。フォントを選ぶときの基準としては、デザイン性の他、可読性も重要。ターゲットの年齢が高ければ、読みやすいフォントで、サイズも大きくするとよいが、読みやすさを重視するあまり、商品のイメージとかけ離れるのはNG。ちょうどよいバランスを探ろう

例

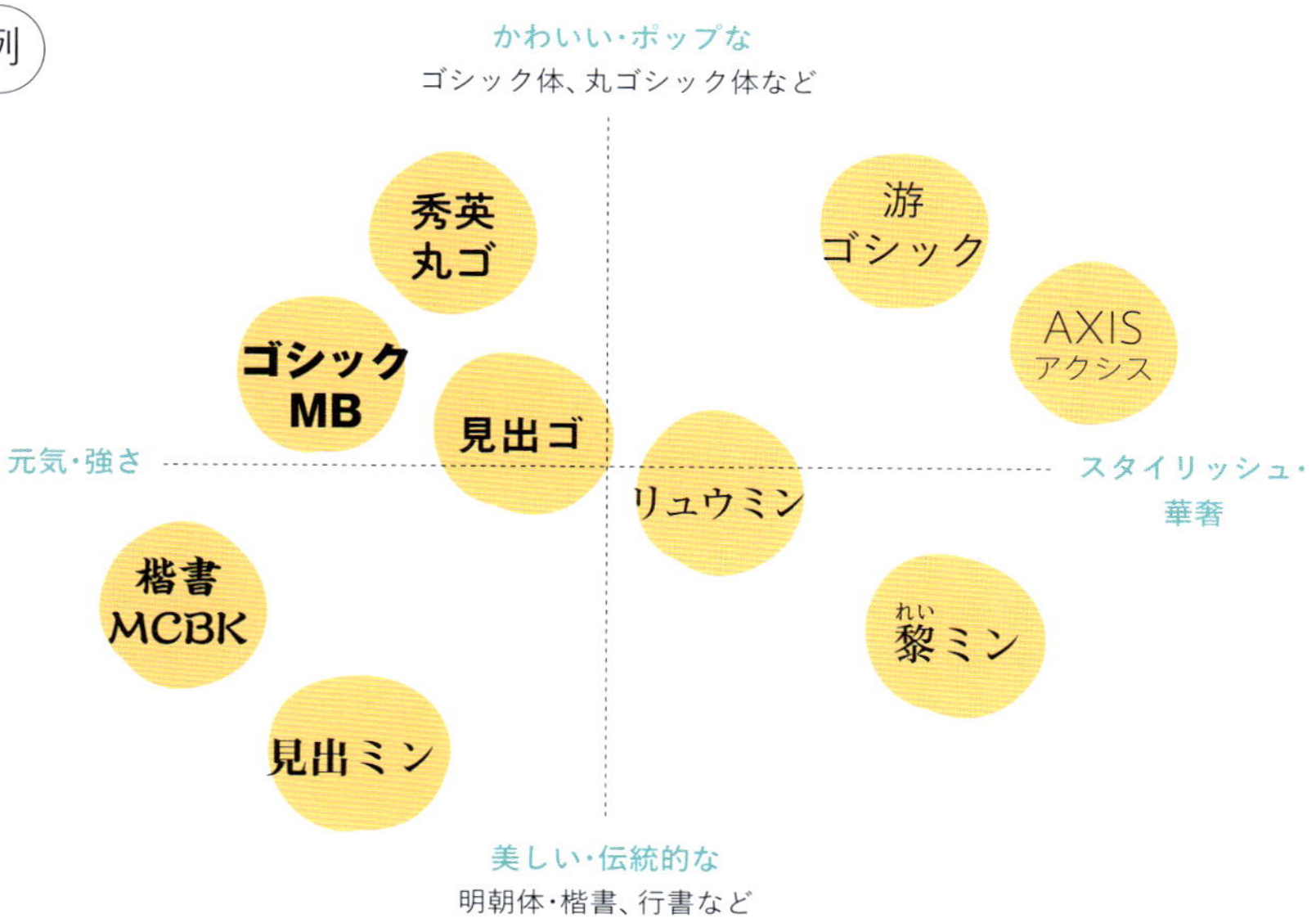

Hint 有料フォントを導入する

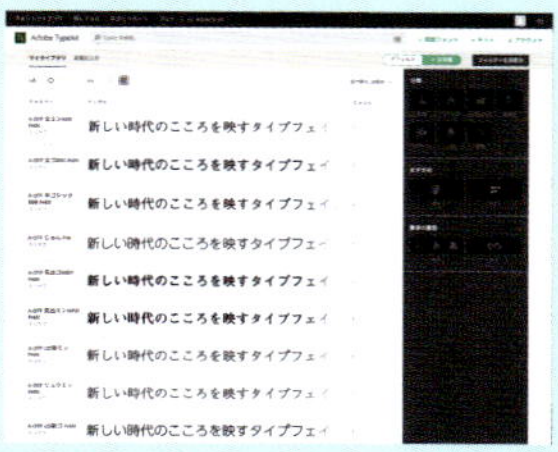

例えば社内報やプレスリリースなどで、デザイナーにデザインの枠組みだけ作成してもらい、それをフォーマットとして担当者が更新して使うような場合は、社内のパソコンに入っていないフォントが使われていると、見た目が崩れてしまいます。最初から手持ちのフォントで構成してもらうか、デザイナーに合わせてモリサワパスポートや、Adobe Typekitなどの有料フォントを導入しましょう(詳細は次項参照)。

56 いろいろなフォントを使うには

期間限定で使うなら

一つのプロジェクトのためだけにフォントを使いたい場合は、
年間契約などの期間限定スタイルもおすすめです。
契約期間内であれば数多くの書体を使うことができます。

モリサワパスポート

年契約で多くのフォントが使えるようになる。毎年新規で使えるフォントも追加され、あらゆるテイストのデザインに対応できるボリュームが嬉しい。欧文、和文ともに豊富にそろっている

有償（年契約）／1年間使用可能

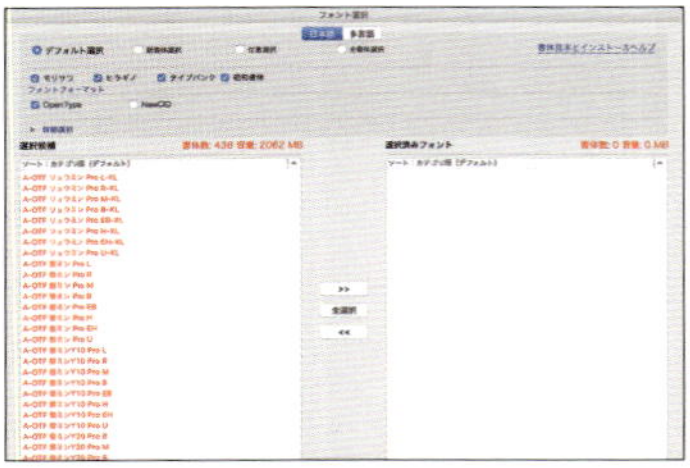

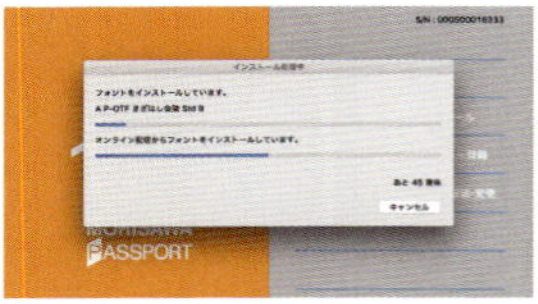

多くのフォントから好きなフォントを選択してインストールできる

Adobe Typekit

Photoshopなどが使えるAdobe Creative Cloudを契約するか、Adobe Typekitのみ契約すると使用できるようになる。欧文の他、和文も豊富で、代表的なモリサワフォントもある。ウェブ用のものが多い

有償／契約期間内は使用可能

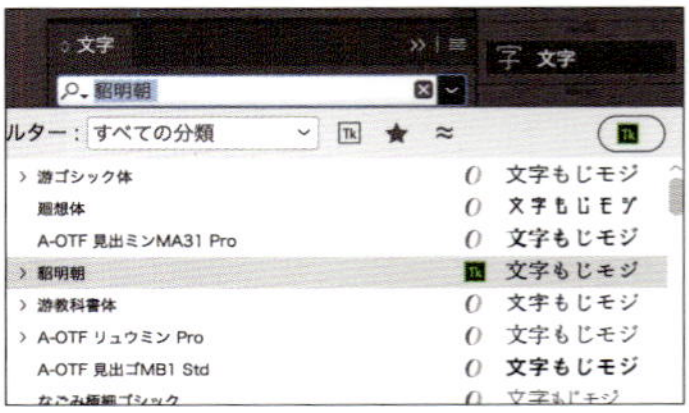

Adobeソフトのテキストパレットに表示されるボタンをクリックすると、ブラウザでTypekitが表示されてフォントを選べる

社内報やポップなどで、フォーマットをデザイナーに作ってもらい、更新作業は自分たちで行う場合、デザイナーが使用したフォントを自分のパソコンにもインストールしておく必要があります。持っていないフォントが使われたデータを開くと、勝手に別のフォントに置き換えられてしまい、見栄えや印象が大きく変わってしまいます。有料のフォントを使いたくない場合は、デザイナーに手持ちのフォントで作ってもらうように依頼しておく必要があります。

また、パソコンにもとから入っているフォントは非常に少ないので、自分で販促物を制作する機会があるなら、フォントのインストールを検討するとよいでしょう。

永続的に使うなら

和文のフリーフォントは数多く存在し、
インターネットや書籍で入手できます。
インストールして使うため、ほぼ永続的に使えます。

フリーフォント

インターネットで無償で配布しているフリーフォントでも、クオリティが高いものも多い。和文の場合、ひらがなとカタカナのみのものが多い。フリーフォントのみまとめた書籍なども便利

無償／永続的に使用可能

世界中から集めたフリー素材を紹介
『Photoshop VIP』
http://photoshopvip.net/104521

手描き風のフォントやイラストを多数収録している『グラフィティ＆フォント素材集 NEW YORK DESIGN BOOK』（ingectar-e・著、ソシム刊、2015年）

メーカーから購入

フォントの各メーカーサイトでは、単体で購入するスタイルが多い。フォントのボリューム別で購入できたり、まとまったフォントファミリーで購入できるパックなどを取りそろえるところもある

有償／永続的に使用可能

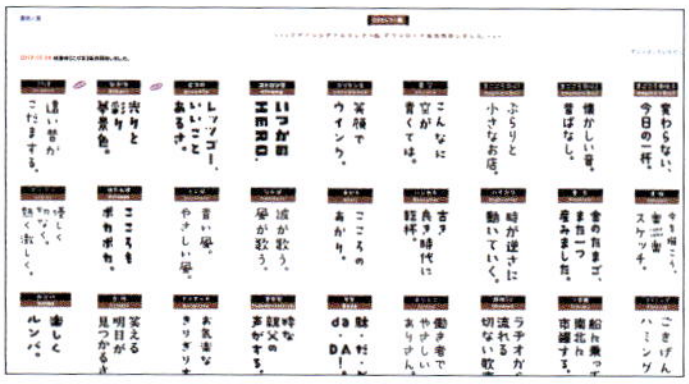

特徴的なフォントを制作している
『デザインシグナル』
http://design-signal.co.jp/

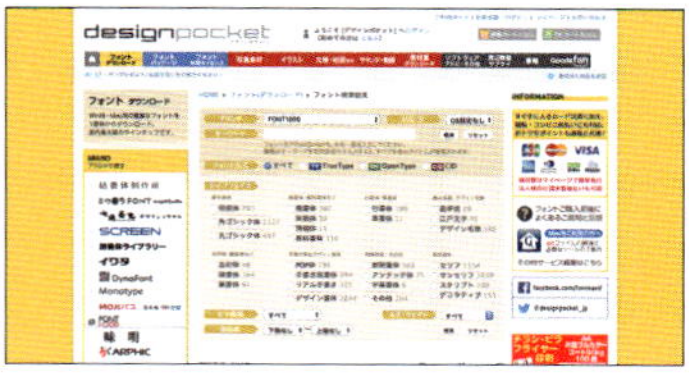

数多くのフォントを取りそろえる
『デザインポケット』
http://designpocket.jp/

Hint 契約が切れたら使えない？

契約して使う形式のフォントは、契約が切れたら使えません。続けて同じフォントを使いたい場合は、契約をし直す必要があります。文字要素を変更する予定が絶対にないのであれば、Illustratorで文字のアウトラインをとってオブジェクト化（図の扱い）にしてしまう手もあります。

図上:未アウトライン　図下:アウトラインをとった状態

57

デザインの修正指示はどう伝える？

何かが違う……と思ったら

デザインの修正はなるべく避けたいものですが、
意図と違うデザインが上がってきた場合は
早めに軌道修正を行いましょう。

企画意図を改めて伝える

イメージと違うものが上がってきた場合は、企画の意図やターゲット層がきちんとデザイナーに伝わっていない可能性が高い。再度、前提を共有するところからスタートするのが、遠回りなようでいちばんの近道になることも。また、どこがイメージと違うのかも具体的に伝えよう

優先順位を具体的に伝える

目に留まらせるために、読み手に何をいちばんに見せたいかの優先順位を指示しよう。「大」「中」「小」などのメモで伝えてもOK。タイアップ記事などでは、「視線の流れで最後にキャンペーン情報にたどり着くように、配置で導いてほしい」など具体的な要望を伝えるのも◎

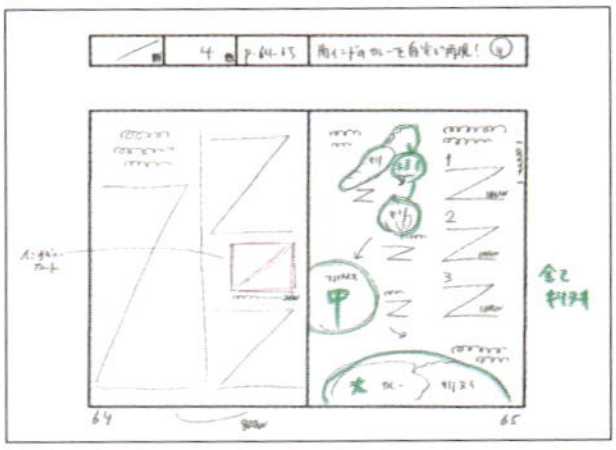

デザイン依頼のときに、表現してほしいことが正確に伝わっていなかったり、編集担当者の頭の中では実現できたことでも、実際にデザインに落とし込んでみるとベストな仕上がりにならなかったりすることがあり、そういった場合にはデザインの修正をお願いすることになります。何度も修正が発生することのないよう、改めて企画の骨子や伝えたいこと、見せたい要素の優先順位を伝えるようにしましょう。具体的な改善希望点を伝えると、デザイナーも作業がしやすく、要望にも応えやすくなります。「何だか好きではない」など曖昧な理由で意味のない修正依頼を出したり、当初の要望と真逆な指示を出したりするのはマナー違反です。

修正を入れるタイミング

冊子など紙面の場合

カンプ
（書籍の場合フォーマット）

デザインの方向性を確認

デザイナーが作成してくれたフォーマット（ラフ）は、「このようなデザインで進めていく」という基準となるもの。この時点で認識のズレがあれば修正を依頼しよう

初校

原稿の内容に合わせて必要な追加要素

編集上、どうしても追加したい要素が後から出てくることもある。例えば図版で解説したほうがわかりやすい場合や、数字を振って情報を整理したほうがよい場合など。単純な誤字脱字修正も、このタイミングで反映する

レイアウトの修正

ページもので、ラフの通りに組んでもらったものの、レイアウトを変更したほうがよくなる場合は修正を入れる。ペラものでは、メリハリや強弱の調整などをしてもらおう

入稿前

致命的なミスのみ

デザインの修正は、初校で終わらせたい。ただし、入稿前は致命的なミスがないか全体を細かく確認しよう。その他は微調整レベルの修正作業だけにすること

いつまでも修正が入るのは
制作サイドにとても負担……

Hint デザインを具体的に提案する

どうしてもこうしたい、というデザインのアイデアが編集者に明確にあって、それを通したいときは、具体的なイメージとなる参考資料（デザイン）を複数用意し、デザイナーに提案してみましょう。ただし、具体的なイメージはデザイナーの表現の幅を狭める可能性が高くなります。「これと同じにしてほしい」と伝えるのではなく、参考資料のどの部分が自分の希望と合っているのかを伝えて、提案として渡すようにしましょう。参考資料は、印刷物でなくてもかまいません。ウェブサイトの画面でも商品パッケージでも、どういう方向性かが伝わるものであればOKです。

58

自分でデザインをするには？

制作物と使用ソフト

Adobe社の制作ソフトは月額制で使うことができるため、
必要なソフトを選んで契約すればプロと同じものを使うことができます。
何を作るのかによって選んでみましょう。

Photoshop
フォトショップ

制作物：ペラもの・冊子など
写真を使う販促物であれば導入しておきたいソフト。色補正、切り抜き、画像加工、色のモード変換（RGBからCMYKなど）、合成など、画像に関するあらゆる加工や変換ができる

InDesign
インデザイン

制作物：主にページもの
ページものはIllustratorよりもInDesignが得意。流通、出版されている本のほとんどがInDesignで作られている。システマチックにレイアウトしやすい点が特徴で、データを軽くもできる

Illustrator
イラストレーター

制作物：ペラもの・ロゴデザインなど
柔軟にデザイン作業ができ、表現の幅も広い。やや操作の難易度が高いものの、慣れてしまえばオブジェクトやパーツの描画がしやすく、美しいデザイン作業ができる。柔軟性がある分、InDesignに比べてデータが重くなる

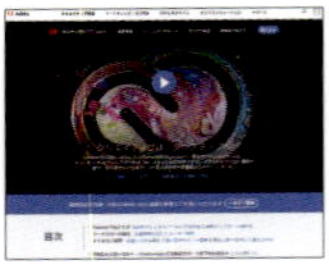

契約はAdobe社の公式サイトから
まだ実際使いこなせるか不安な場合は無料体験版から始めることもできる
https://www.adobe.com/jp/

簡単なポップやカタログなどを自分で制作する必要がある場合、レイアウトソフトの導入をおすすめします。プレスリリースなどはWordで作ることが多いと思いますが、美しく目を引くリリースを作るために、Illustratorを使用している広報の方もいます。敷居が高く感じるかもしれませんが、より表現力の高い制作物を自作しようと思うならば、習得したほうがよいスキルでしょう。

Photoshopは基本的に画像の変換等を行うソフトで、Illustratorはペラもののデザインに向いています。InDesignはページもののレイアウト向けに作られたソフトで、少し難易度が高いですが、更新作業などは簡単な操作でできます。

本やウェブで操作を学ぼう

『知識ゼロからはじめるPhotoshopの教科書』
初めてPhotoshopを使う人向けで基礎がしっかり学べる。サンプルデータで手を動かしながら習得しやすい作りに
（ソシム刊、2017年）

『知識ゼロからはじめるIllustratorの教科書』
まったくのビギナー向けに基本テクニックを解説。サンプルデータもダウンロードでき、独学でも安心して学べる
（ソシム刊、2017年）

『迷わず進めるInDesignの道しるべ』
基本操作からデザイナーによる現場レベルのノウハウまで、作例を使った実践的な内容で解説
（ARENSKI・編、BNN刊、2018年）

『一目で伝わる 構図とレイアウト』
写真や図版、イラストを使ったレイアウトなど制作条件に合わせたレイアウトをまとめた素材別実例集
（パイ インターナショナル刊、2014年）

Hint ウェブでトレンドをつかみ、取り入れよう

2009年から運営されている、Photoshopを中心とした国内外の制作にかかわるTIPSをまとめたサイトが『Photoshop VIP』。商用可能の無料画像や使えるフォント集やダウンロードなども掲載。トレンドの情報は出版よりもウェブのほうが更新が早いので、チェックしておきましょう。
『Photoshop VIP』 http://photoshopvip.net/

59

デザインデータの作りを知ろう

ペラものでよく使われる

チラシやポスターなどは、Illustratorで作られていることがほとんど。Illustrator上で描いたオブジェクトや、テキストデータ、写真やイラストの画像データなどを貼り付けてデザインしている。画像は埋め込まれている場合と、リンク画像として貼られている場合がある

イラストデータ
画像データとして支給されたイラストデータは、写真と同様に埋め込んでレイアウトする。Illustratorは直接、オブジェクトとしてイラストを描画することも可能

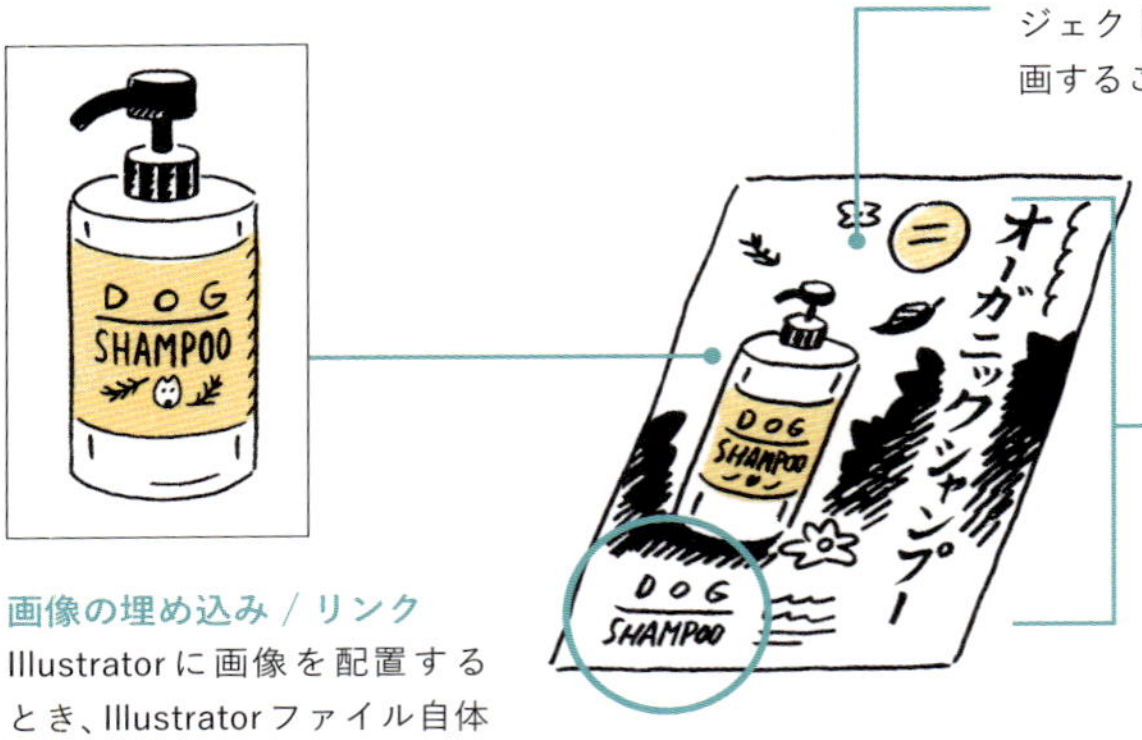

画像の埋め込み／リンク
Illustratorに画像を配置するとき、Illustratorファイル自体には画像データの情報を保存せずに表示のみをさせる「リンク」と、ファイル自体に画像を埋め込んでしまう「埋め込み」の2種類がある

ロゴ
通常、ロゴデータは変形しないようオブジェクト化されているため、画像データと同様の扱い

テキストデータ
テキストツールで入力する。入稿時はフォントデータにアウトラインをかける

デザインデータの作りを知っておくと、自分で制作するときにも、人が作ったデータを扱うときにも役に立つでしょう。ここでは、レイアウトツールであるIllustratorとInDesignのデータの作りを紹介します。

　IllustratorもInDesignも、それぞれ母体となるファイルに画像をリンクしたり埋め込んだりしてデザインしていきます。画像をリンクさせて配置する場合は、入稿時に、母体のファイルデータの他、画像データを用意する必要があります。

　テキストは、Illustratorでの入稿の場合、フォントの形状が意図せず変形してしまう状態を防ぐために、アウトラインをかけて図形化する作業が必要となります。

InDesignのデータ

書籍や冊子でよく使われる

ページ数が多いものは、InDesignで作られることが多い。InDesignの場合、画像はリンク配置が一般的で、母体のファイル自体が重くならない設計に。その分、リンクした画像を別フォルダに用意する必要があるが、入稿時はパッケージという機能で一つのフォルダに自動的にまとめられる

カクハン画像
カクハン画像をページいっぱいに敷き、その上に文字を乗せることも

切り抜き画像
切り抜かれた画像をリンクさせて配置することも可能

テキストデータ
InDesignでは、印刷会社が対応していないフォントを使用した場合に文字をアウトライン化する必要があるが、少々、作業難易度が高い

カバーのデータ
カバーはほとんどの場合はIllustratorで作られるが、InDesignで作られることもある

Hint グリッドって何？

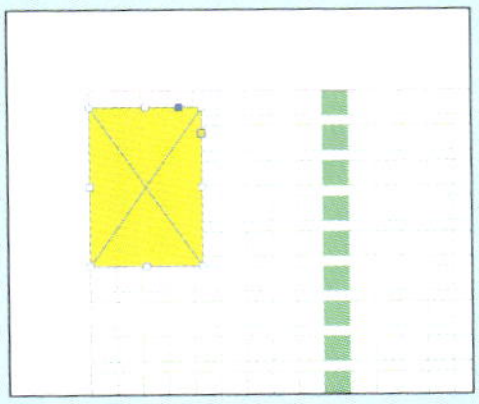

InDesignは、紙面のレイアウトをしやすくする機能が充実しており、そのうちの一つに「グリッド」と呼ばれる機能があります。グリッドとは、画像や文章などの要素をきちんと整列した状態で配置できるように、紙面を格子状に均一に分割したガイドのことで、このガイドをもとにレイアウトをしていくと、美しくすっきりとしたデザインを実現できます。

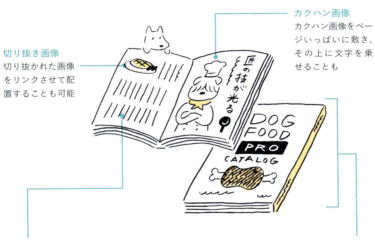

60

印刷物の各名称を知ろう

冊子、書籍の各部の名称

綴じられている本や冊子の各部位には名前がついています。
それぞれの名称を知っておくと、印刷会社の担当者や
制作サイドとのやり取りがスムーズになるでしょう。

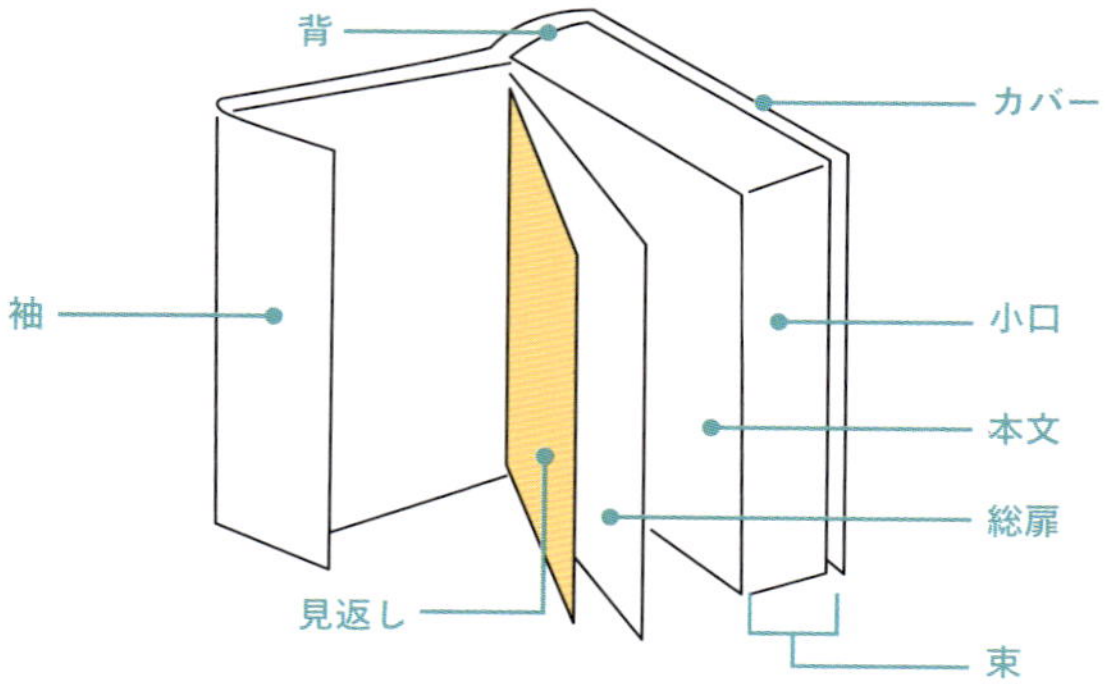

背
カバー
袖
小口
本文
総扉
見返し
束

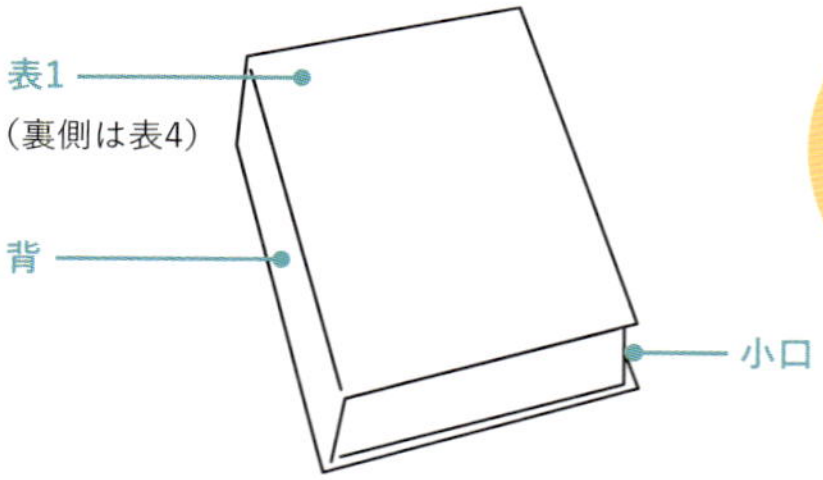

表1
（裏側は表4）
背
小口

表1や表4は
「H1」や「H4」と
略されることが
あるんだって！

広報の担当者であれば、カタログやパンフレットなどの冊子型販促物や雑誌でのタイアップ記事、純広告など、ページものの印刷物にかかわる機会は多いのではないでしょうか。その際、本の作りや紙面の各名称がわかっていると、説明がしやすかったり、制作スタッフたちとのコミュニケーションが取りやすくなるため、覚えておくとよいでしょう。

また、制作物のサイズや加工の種類についても知識をつけておくと、携帯性を重視してA6サイズにしよう、読みやすさを考慮してA5サイズで展開してみよう、情報量と携帯性を両立するために折り加工を施そう……などといったように、アイデアや表現の幅も広がるはずです。

紙面のさまざまな名称

紙面を構成する要素の名称も覚えておきましょう。
ラフを書くときや、フォーマットに修正指示を出すとき、
原稿を作成するときにも役立つはずです。

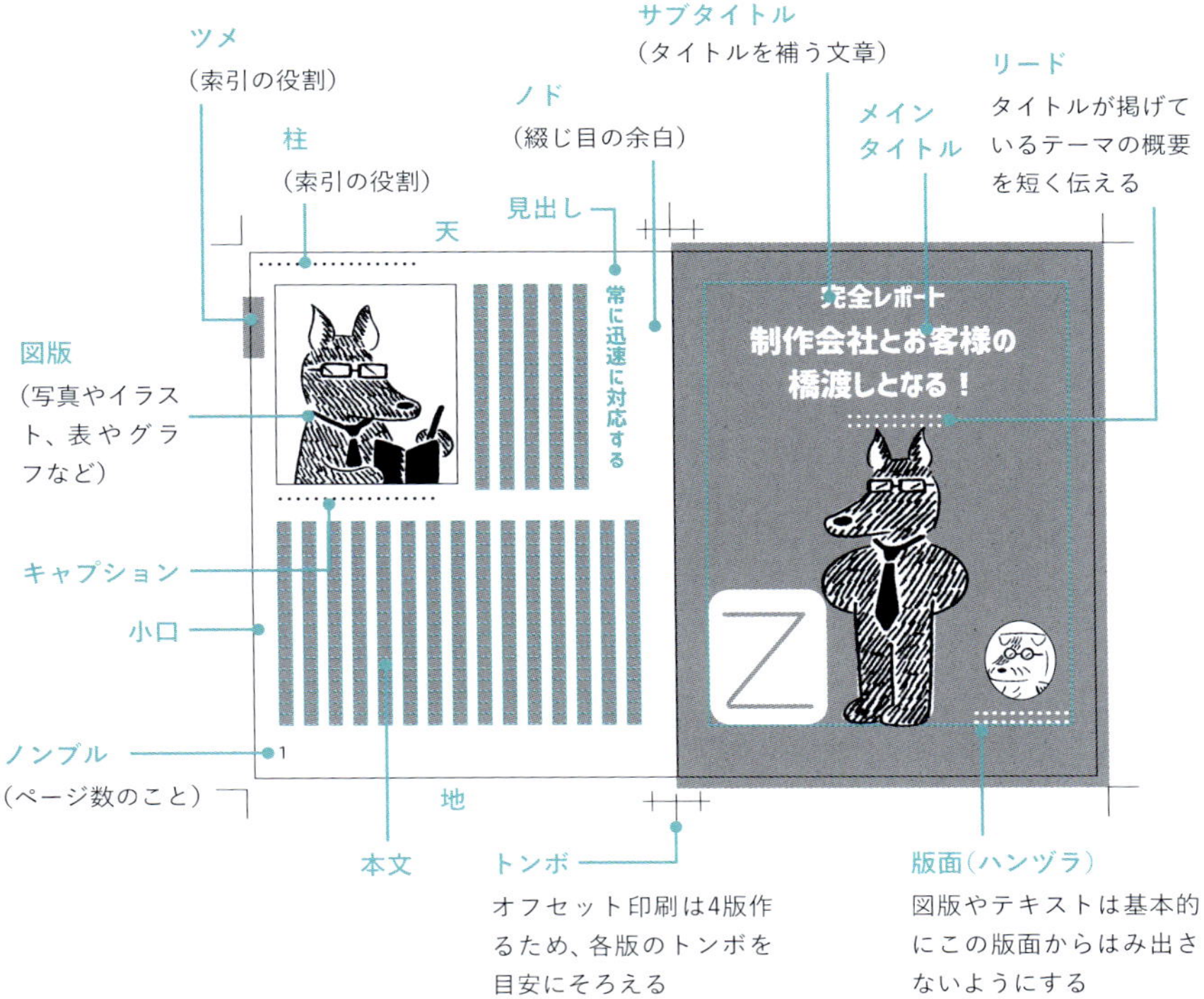
ツメ
（索引の役割）
柱
（索引の役割）
ノド
（綴じ目の余白）
サブタイトル
（タイトルを補う文章）
メイン
タイトル
リード
タイトルが掲げているテーマの概要を短く伝える
見出し
天
常に迅速に対応する
完全レポート
制作会社とお客様の
橋渡しとなる！
図版
（写真やイラスト、表やグラフなど）
キャプション
小口
ノンブル
（ページ数のこと）
1
地
本文
トンボ
オフセット印刷は4版作るため、各版のトンボを目安にそろえる
版面（ハンヅラ）
図版やテキストは基本的にこの版面からはみ出さないようにする

Hint 本の綴じ方の種類もいろいろある

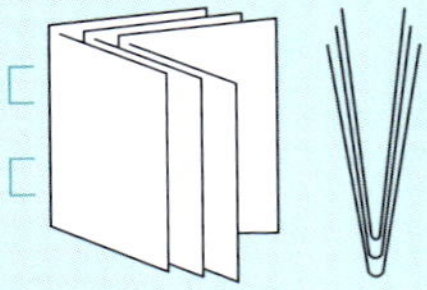

中綴じ
取扱説明書や週刊誌、パンフレットなど

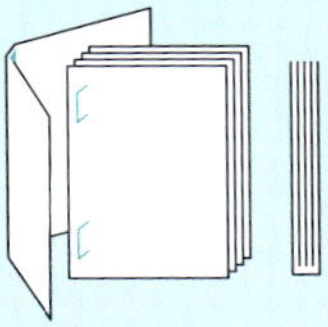

平綴じ
報告書や教科書、取扱説明書など

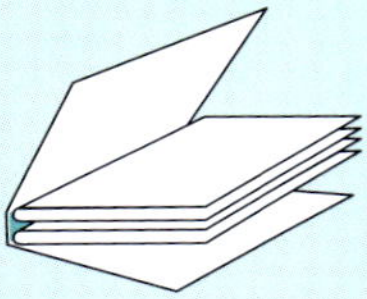

無線綴じ
文庫本、雑誌、パンフレット、並/上製本

糸綴じ
一般書籍、百科事典

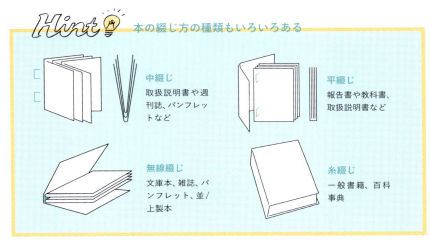

用紙のサイズ一覧

A版

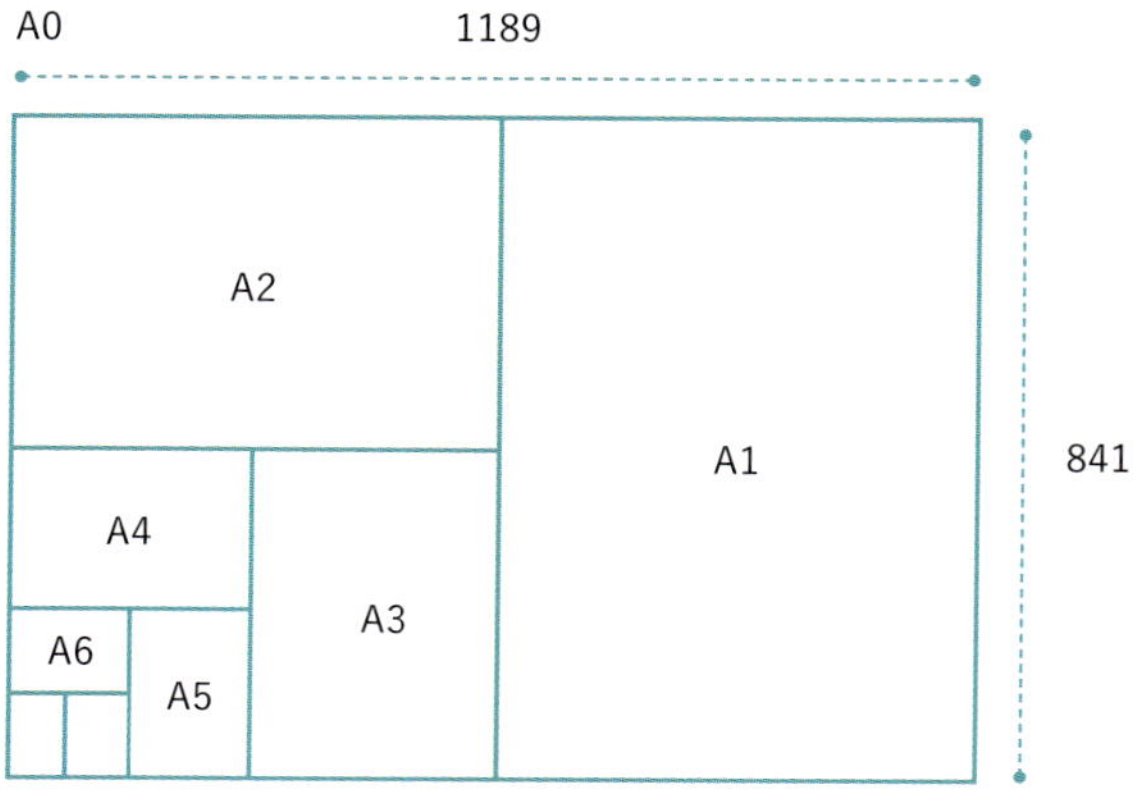

A版のサイズ

単位：mm

A0	A1	A2	A3	A4	A5	A6	A7	A8	A9	A10
841	594	420	297	210	148	105	74	52	37	26
1189	841	594	420	297	210	148	105	74	52	37

B版

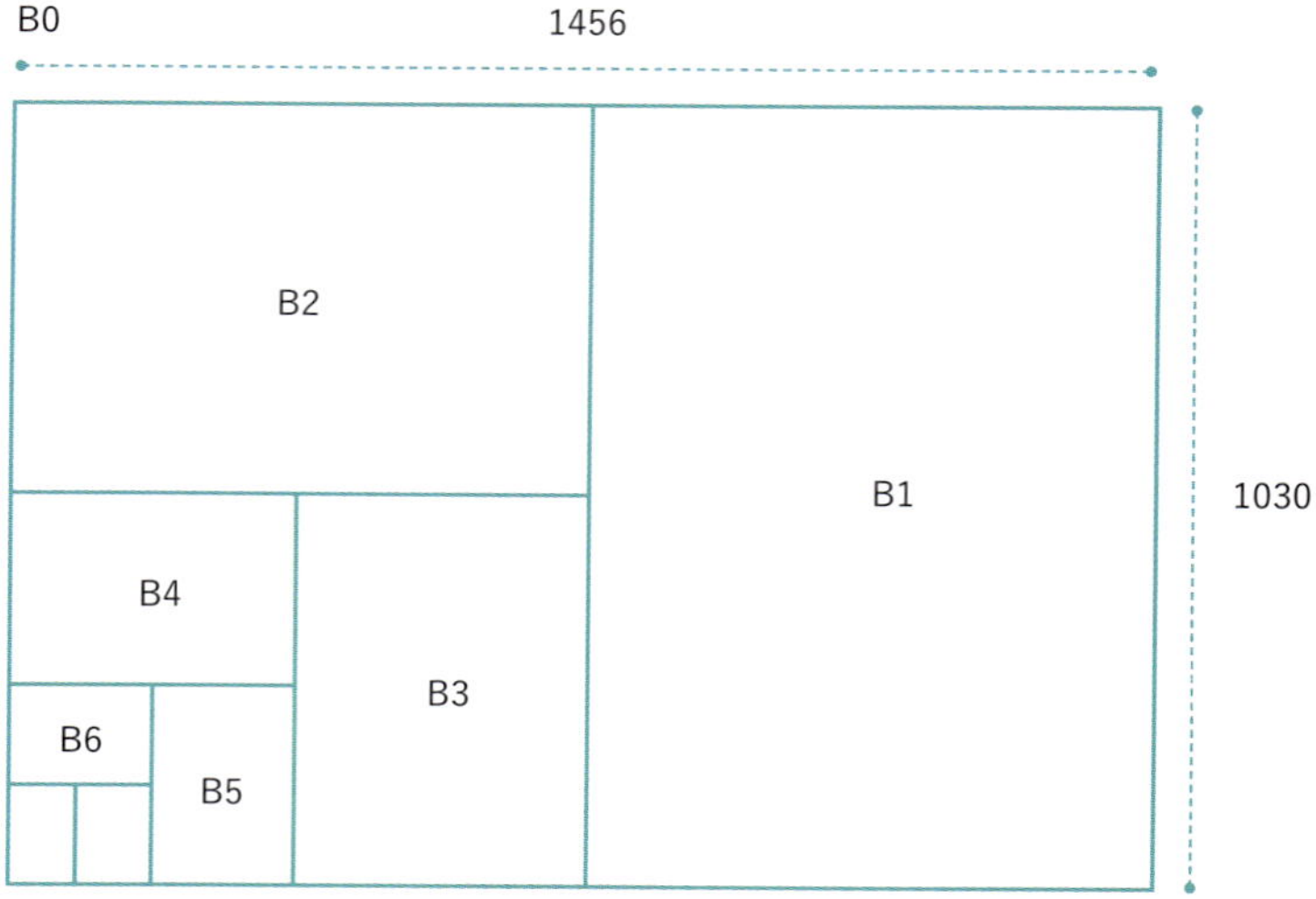

B版のサイズ

単位：mm

B0	B1	B2	B3	B4	B5	B6	B7	B8	B9	B10
1030	728	515	364	257	182	128	91	64	45	32
1456	1030	728	515	364	257	182	128	91	64	45

ペラものの折り加工

商品案内やメニュー、実績紹介などでよく使われるのが折り加工です。
加工には、印刷工程にプラス1日必要など、日数が増えることがあるので、
印刷会社にスケジュールを確認するようにしましょう。

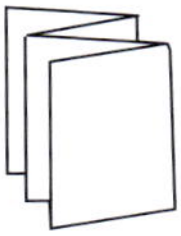

外4つ折

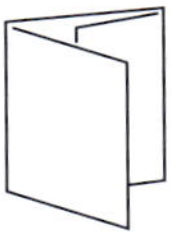

巻き3つ折

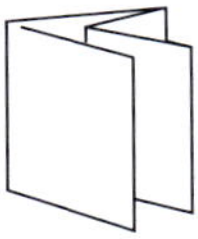

巻き4つ折

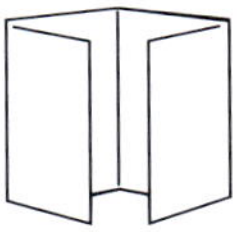

観音折

折るときに、それぞれ同じ幅だと
きれいに折れないので、
印刷会社によって各面のサイズを
1〜2mm変えているよ

外4つ折のデザインデータ

表1　表紙

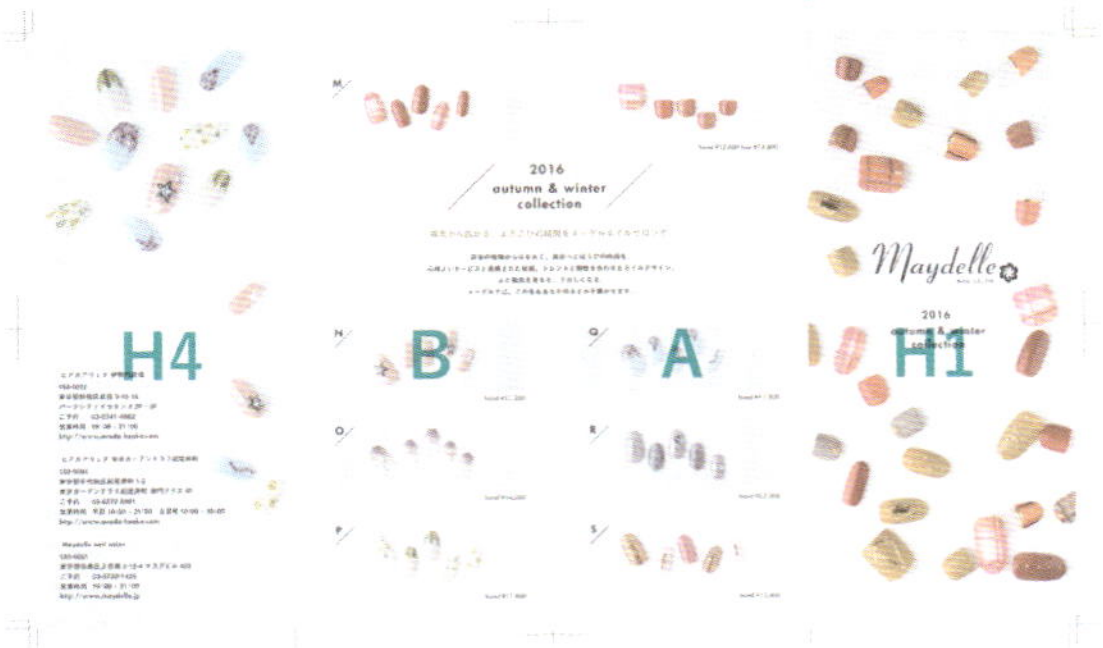
H4
B
A
H1
2016
autumn & winter
collection
Maydelle

表4　裏表紙

折りトンボ

折る目印とするための
線を追加する

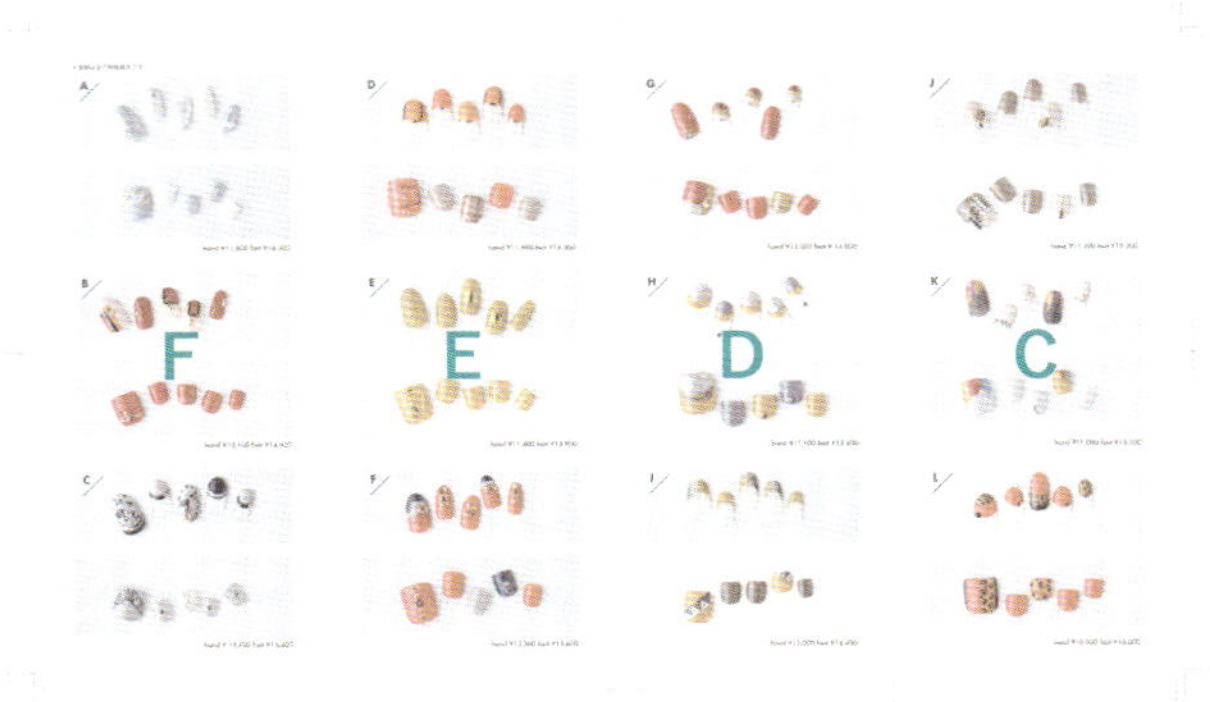
F
E
D
C

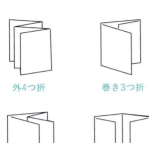

61

データの保管方法は？

ページもののデータ

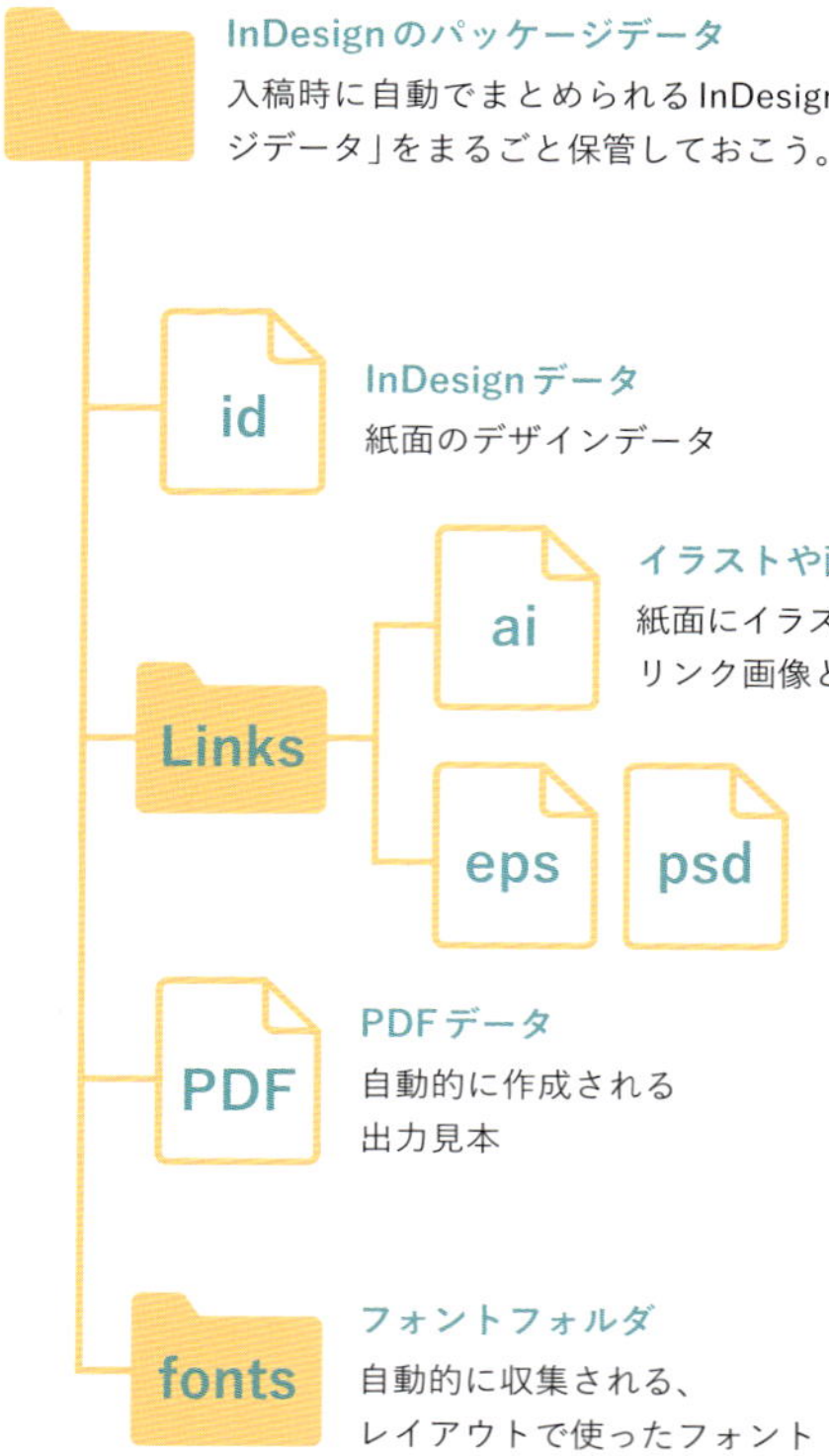
InDesignのパッケージデータ
入稿時に自動でまとめられるInDesignのフォルダ「パッケージデータ」をまるごと保管しておこう。内容は以下の通り
id
InDesignデータ
紙面のデザインデータ
Links
ai
イラストや画像のデータ
紙面にイラストや画像が使われている場合は、リンク画像として元データが同梱される
eps
psd
PDF
PDFデータ
自動的に作成される出力見本
fonts
フォントフォルダ
自動的に収集される、レイアウトで使ったフォント

DTP

最終データは印刷所が保管しているが、期間限定。データは入稿作業を担当したDTPから送ってもらい、自社で保存しよう

後から修正が発生したときや、プレスの問い合わせがあったときなどに速やかに対応できるよう、適切なデータの保管方法を知っておきましょう。特に販促物は、素材を流用することが多く、カタログに使った商品の写真をウェブにも使ったり、掲載媒体のリクエストに応えて使用画像のみを渡したりする可能性もあるので、入稿データ（デザインデータ）のみを保管しておくのではなく、素材として使用したデータなども個別に保管しておくのがベストです。

　また、Illustratorのデータは、入稿時にテキストを図形化（＝アウトライン化）するため、文字修正ができなくなります。アウトライン前のデータも取っておきましょう。

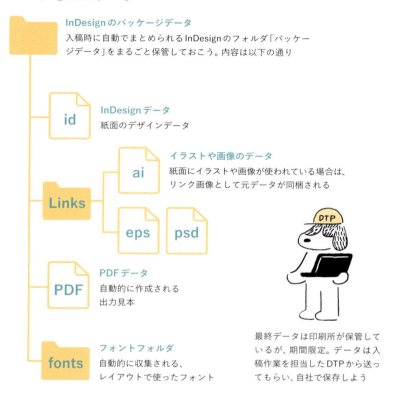

ペラもののデータ

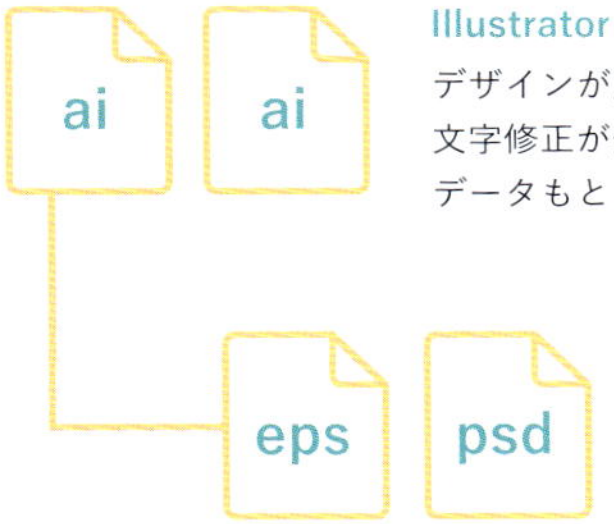

Illustratorデータ

デザインが崩れる心配のないアウトライン済みのデータだけでなく、文字修正が発生した場合に直せるように、アウトラインをかける前のデータもとっておく

画像データ

Illustratorデータでは画像を埋め込んで入稿することが多いので、埋め込んだ画像も別途保存しておきたい。制作前に伝えておこう

イラスト・図版

イラストのデータ

イラストのデータは、イラストレーターによって作り方が異なり、Illustratorのデータか、画像データで納品される。画像の場合、印刷用だとepsやpsd、ウェブ用だとjpgやpngに変換されていることもあるが、買い取りでの依頼の場合は高解像度の本画像も納品してもらおう

写真

画像データ

アタリ画像は解像度が低く容量も軽いjpgで納品されるが、しっかり補正する必要がある本番画像はtiffで納品される。ただし、使う画像の量が膨大な場合は、デザインデータが重くなりすぎないよう高解像度のjpgデータを使う場合も。いずれにしても補正済みの最終データを保存しよう

※図版や画像が買い取りではない場合、二次使用の許可を得てから保管すること。
場合によっては二次使用料を制作者に支払う必要がある
※原稿の使い回しも二次使用にあたるため、自分で書いたテキストではなく、
ライターなどに買い取り条件以外で依頼した場合は、使用の許可を得ること

Hint PDF入稿の場合のデータ保管は？

冊子などの制作物で、デザイン自体はInDesignで行ったものでも、印刷の納期やコストを削減するために、PDFに書き出して入稿することがあります。このような場合でも、データとして保管するときには、InDesignのデータも取り寄せて保管しておくと安心です。印刷所での保管期間が終わり、万が一デザイナーやDTPと連絡が取れなくなった場合でも、増刷などの対応が取れるからです。

62

ウェブサイトで気をつけたいことは?

ウェブでも紙メディアでも、制作において編集担当として注意するべきことに、大きな違いはありません。この章でも解説しているような、配色やフォントの選び方についてや、情報が整理されているかどうかなどについてジャッジできる基準を持っているとよいでしょう。コンテンツの文字原稿を自分で用意する場合は、読みやすさやボリュームに注意して執筆します。

また、ウェブ制作に関する専門的な知識を学ぶのはなかなか難しいですが、打ち合わせで使われているような専門用語を正しく理解するだけでも、制作上のコミュニケーションがぐんと取りやすくなりますので、覚えておくとよいでしょう。

編集目線でしっかりジャッジ

デザイン上の見栄えのよさは流行によっても左右されます。
普遍的で大切なことは、目に留まりやすいアイキャッチがあることや、
読みやすい文字といった編集からの視点になります。

文字の扱い

ウェブ・紙など媒体問わず、関心を引き、じっくり読ませるというのは難しいもの。そのハードルを下げるために編集でできることは、文字としての認識のしやすさ(可読性や視認性)と、完結でわかりやすい文章(判読性)を意識すること。デザイン表現においてもこれらがきちんと実装されているかが重要だ

構成や色

ウェブの構成(階層や作り)や色の扱いは、新規のアクセス数を重視したいのか、直感的に操作できるサイトを作りたいのかなど、ウェブ制作の根本ともかかわってくるので、提案に対してきちんと判断ができるようにしておく。専門的な視点で意見するのは難しくても、ユーザー目線の意見なら言えるはずなので、違和感を覚えたら相談してみよう

コンテンツ作成時の注意点

自分でコンテンツを制作するときに覚えておいてほしい、
編集上の注意点をいくつか紹介します。
わかりやすく、安全なサイト作りを目指しましょう！

転載には注意を

他者による既存記事を無断で転載し、新しいコンテンツとして配信したサイトが著作権者に訴えられ、賠償金や慰謝料を支払う事態になったケースも。転載や引用などの扱いには十分な注意が必要だ(P168参照)。自社サイトも、転載禁止の場合は必ず明記しよう

文章の扱い

情報発信時のイメージやテンションにバラつきが出ないよう、ウェブサイト、SNS、広報ツールなど、それぞれの媒体で使用する名称やテキストの表記統一ルールを設けておこう。基準となる表記統一表を用意しておくと、後々便利だ(P165参照)

レスポンシブにする

パソコンやスマートフォンなど、どのメディアでも見やすいサイト設計にすることを「レスポンシブデザイン」と言う。総務省の調査によると、2017年に初めてスマホでのインターネット閲覧(54.2%)がパソコン(48.7%)を上回る結果になり、ますますレスポンシブであることが求められている

原稿量に基準を設ける

紙と違ってページ数に制限がなく、いくらでもテキストを掲載できてしまうウェブ。無駄に長く、文字だけが永遠に連なっていると、誰にも見てもらえないサイトになってしまう。どのくらいのボリュームが読みやすいかを考え、原稿量に基準を設けよう

Hint セキュリティは厳重に

悪用されやすいウェブのリスクを下げるために、セキュリティへの関心や知識、技術力が高い制作会社(あるいはデザイナー)を選ぶと安全です。購入システムを持つウェブでよく見られるような、SSL化(公開するウェブサイトを暗号化する仕組み)やhttps(通信自体を暗号化する仕組み)を取り入れるのも、セキュリティ対策の一つです。また、問い合わせフォームを設けてメールを転送させる際、メールアドレス自体のセキュリティも確認しておくと、迷惑メールが大量に届くような事態を防ぐことができ、スムーズに問い合わせ対応ができるでしょう。

多くの人にきちんと理解できるものに

63 ユニバーサルデザインって？

ユニバーサルデザインとは、多種多様なあらゆる人が違和感なく
情報に触れることができるデザインを指します。
実現するためには、編集の段階から意識することが必要です。

高齢者や色弱者の色の見えにくさを知る

色は、組み合わせによって視認性が悪くなることがあるので注意が必要となる。また、色弱の人が見えづらい色や、加齢により見えにくくなる色もあるため、配色には気を使うようにしよう

加齢により見えづらいゾーン
紫や黄色の色相は見えにくいと感じる人が多い

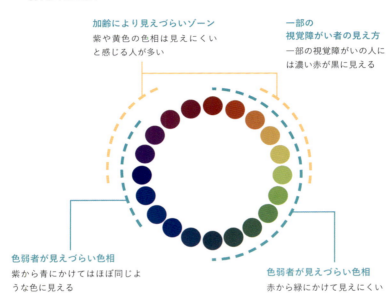

一部の視覚障がい者の見え方
一部の視覚障がいの人には濃い赤が黒に見える

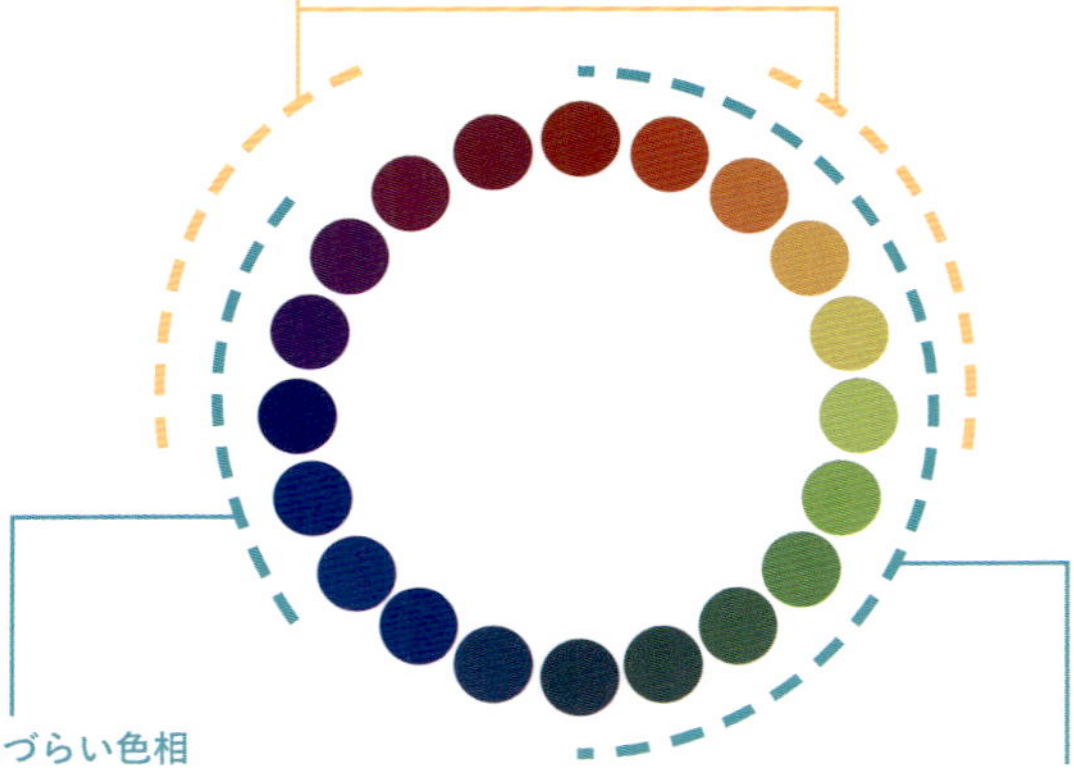

色弱者が見えづらい色相
紫から青にかけてはほぼ同じような色に見える

色弱者が見えづらい色相
赤から緑にかけて見えにくい

普段何気なく見ている色も、色弱者や高齢者にとっては見えにくい場合があります。誰にとってもわかりやすいデザインを目指すならば、構成の段階から工夫が必要です。

　本来は、どんな人にも平等に、同じ情報が伝わるのがベストでしょう。特に、多くの人を幅広く対象にしたサービス・商品を展開する場合は、文化や年齢の差、能力の違いに左右されずに情報を与えられるようなものを作るべきです。

　今や人口の3割が高齢者で、色弱者は30万人を超えています。配色の力はデザインにとって重要ですが、編集やデザインのあしらいを工夫することで、色だけに頼らない見せ方も意識してみましょう。

編集とデザインで見やすくする

編集の工夫

情報整理を明確にする

誰でもすぐにわかるように、情報の整理はわかりやすくしよう。文字の大きさにメリハリをつけたり、枠をもうける、吹き出しをつけるなどの工夫をするとよいだろう。左のチラシは、くせのあるフォントデザインで、文字の大きさもメリハリがなく読みづらい。右は、イベント名を大きく表示してアイキャッチに。掲載情報にも大小を付け、目の流れを誘導している

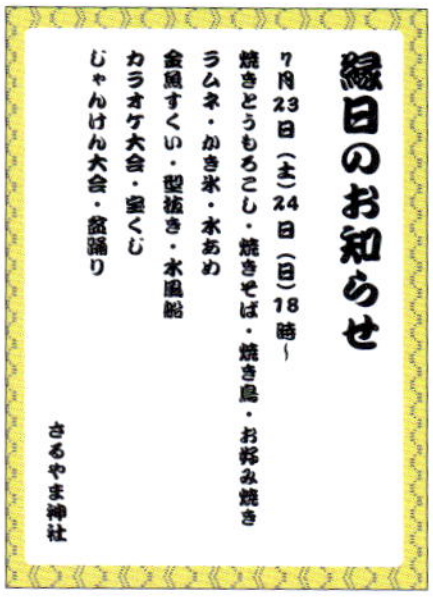

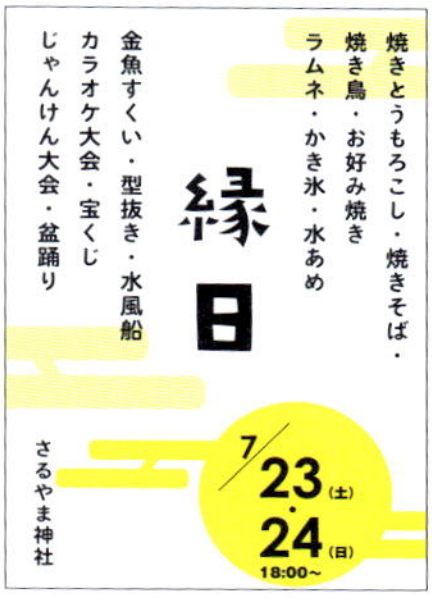

デザインの工夫

文字を目立たせたい場合

ボリュームを増やして下線をつけるなどの調整をしよう。誰にとっても右のほうが目に入りやすい

犬か猿のどちらかを選べ → 犬か猿の**どちらか**を選べ

地色に模様をつける

彩度が低い色どうしは色弱者には区別しにくいが、模様をつけると区別しやすくなる

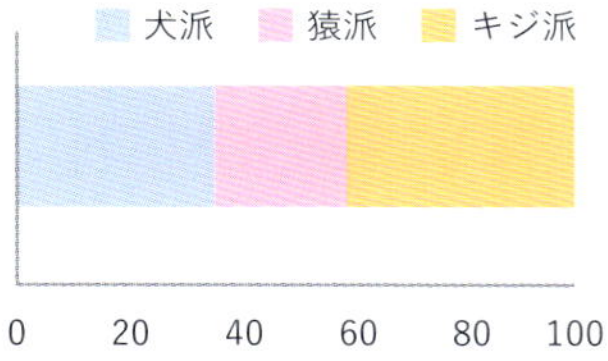

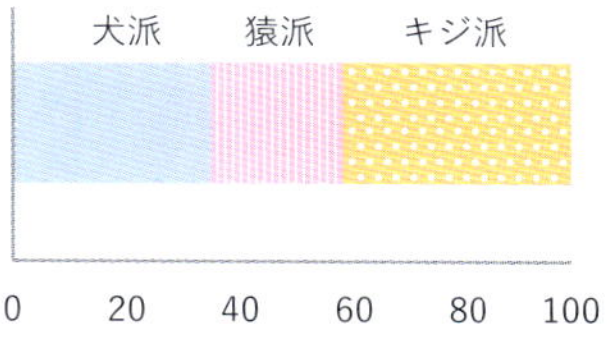

Hint 音声コードを使う

視覚障がいのある人は、音声コードを読み上げる装置や、スマートフォンの音声コードを読み上げるアプリを利用しています。また、コードがあることに気づいてもらえるように、音声コードをつけたら紙の右側に切り込みを入れるなどの約束ごとがあります。視覚障がい者の他、失読症や日本語が読めない人にも役立ちます。※音声コードは二次元バーコード

COLUMN A

編集目線を持った いい広報さんの話

制作についての知識があり 対応が丁寧で迅速な広報さん

広告代理店の手掛けた作品を集めたムックの制作を担当し、何人かの広報さんと短期間でやり取りを行ったときのこと。そのうちの一人が、もともとデザイン事務所で制作業務をされていた方でした。初回の名刺交換のごあいさつでは、ちょっと冷たい感じの方かなぁと少し緊張していたのですが、実際にやり取りが始まると支給データが整理されていて、修正希望も的確で無理がなく、こちら側での作業過程を意識した形で素材を準備してくださったので、諸々の作業をとてもスムーズに行うことができました。違う業界の仕事の内容や流れをすべて知っておくことは難しいですが、ちょっとでも知識や経験があると、これだけやり取りに違いが出るのだなということに驚くと同時に、自分も違う業界の方とやり取りをするときには事前に少しでも知識を入れて、お互いの仕事がやりやすくなるように努力したいなと感じました。また、違う業界の方に協力依頼を出すときのやり方を見直すきっかけにもなったように思います。

ライター（20代女性）

CHAPTER 6

取材＆原稿作成

プロのライターに原稿を依頼できる場合はよいですが、
広報担当者自らが赴き、話を聞き出さなければならない場面も
少なくないのではないでしょうか。
ここでは、取材対象者への話の聞き方のコツや、
取材内容を伝わりやすい形で原稿に落とし込むときの
ポイントを解説していきます。

64

取材依頼ってどうやるの？

連絡手段は？

その昔は手紙で取材依頼をするのが一般的だったようですが、
今は相手の状況に合わせて、まずはメールか電話で問い合わせをするとよいでしょう。

電話

企業や店などに連絡する場合や、急ぎの場合、電話連絡を好む相手の場合は、電話で連絡した後、メールやFAXで取材依頼書を送る

メール、問い合わせフォーム

今、最も一般的な連絡手段。メール本文に内容を書くか、Wordで作った取材依頼書をPDFにして添付する。相手によっては、追って電話でも連絡する

SNS

相手の連絡先がSNSしかわからない場合は、冒頭に「SNSから失礼いたします」といった一文をつけて、簡潔にメッセージを送る。その際に、自分のメールや電話番号などを明記しておくこと

紹介してもらう

知人に紹介してもらう場合は、許可を得て相手の連絡先を教えてもらうか、自分の連絡先を伝えてもらう。企業に仲介してもらえる場合もある

メディアの中で、社外の人にインタビューや撮影などをさせてもらいたいときは、まず連絡先を探すところから始めます。相手が会社やマネージメント事務所に所属しているなら、所属先を通してアプローチしましょう。紹介者がいる場合は「〇〇さんの紹介で」と伝えると、スムーズにいくことも。メールやFAXで依頼内容を送るときは、短く簡潔な文章の中に、なぜその人に依頼したいのかという依頼者の思いを込めましょう。なお、こちらがお願いする立場なので、人に伝言を頼むときにも相手から連絡をもらうのではなく、こちらから再度連絡するスタンスで。ただし、下手に出すぎるとかえって理不尽な態度を取られかねないので、フラットな姿勢でやり取りしましょう。

取材依頼書の書き方

取材依頼書は、メールにPDF添付やFAX、場合によっては郵送などで、
取材を依頼したい相手に送ります。もう少し気軽に依頼できる相手の場合は、
内容をメール本文にまとめて送ってもOK。

何を依頼したいのかがわかりやすいように、箇条書きなどでまとめる

2018 年 5 月 20 日

「食の匠」シリーズ コンセプトブック

取材にご協力のお願い

わかりやすいタイトルをつける

平素は格別のご高配を賜り、厚く御礼申し上げます。

このたび、私どもで製造・販売しております、プレミアムレトルトフード「食の匠」シリーズのコンセプトブックを制作しております。その中で、「食の匠」シリーズをご監修いただいたシェフの〇〇さんにインタビュー取材をさせていただけないかと思い、ご連絡さしあげました。

お忙しいところ大変恐縮ですが、趣意をお汲み取りの上、ご協力のほど何卒よろしくお願い申し上げます。

記

媒体や企画の内容を簡潔にまとめる

○ 媒体名 ／「食の匠」シリーズ コンセプトブック（仮）

○ 媒体概要

忙しい現代の家族は、家族にとって特別な日に、時間と手間をかけることができていません。そこで、「食の匠」シリーズを「特別な日にすぐ作れる、スペシャル感のある食事」として提案するコンセプトブックを作成し、小売店や消費者に新たな楽しみ方を知ってもらいたいと考えています。特別感のあるおいしそうな写真と、作り手の思いが伝わる文章で構成し、「食の匠」シリーズの新たなファンを増やすことを目指します。

●判型：A5・中綴じ ●ページ数：16 ページ＋表まわり・オールカラー ●部数：5,000 部

●配布先：「食の匠」シリーズを扱っている小売店 ●配布時期：2018 年 9 月〜

○ 企画名 ／「シェフ〇〇さんが語る、食の匠シリーズがレストランよりうまい理由（仮）」

○ 企画内容

「食の匠」シリーズをご監修いただいたシェフが持つ、食材へのこだわりや調理への熱い想いを、シェフの写真とインタビューで紹介します。

○ お願いしたいこと

・「食の匠」シリーズへのこだわりや思いを語っていただくインタビュー（1 時間程度）と、シェフの写真撮影

・掲載前の記事内容のご確認をお願いいたします（7 月中旬ごろを予定）

この依頼を受けることでの、相手にとってのメリットを明記するとよい。謝礼がある場合は記載する

○ お返しできること

・謝礼 10,000 円をお支払いさせていただきます

・貴店の情報の掲載します

・掲載誌を 30 部ほどお送りさせていただきます

○ 取材希望日時

2018 年 6 月 15 日ごろまででご相談させていただけると幸いです。

株式会社△△△△△△△△

広報担当： □□□□□

TEL：03-000-0000 ／ FAX：03-000-0000

メール：aaaa@aaaaaaaaa

いつまでにお願いしたいのか、ざっくりでもよいのでスケジュールを記載する

担当者の連絡先を明記する。相手が連絡しやすい方法で返信できるように、いくつかの連絡手段を入れておくとよい

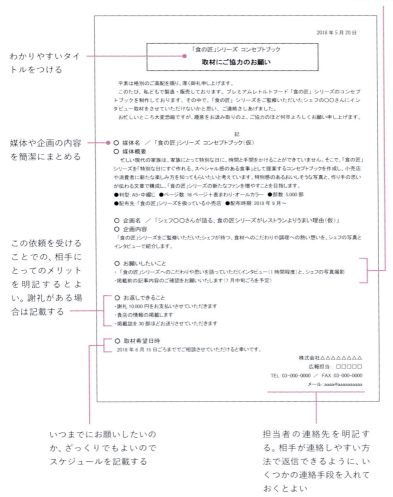

65

取材当日の服装・持ち物は？

取材当日は、とにかく毎回スーツやジャケットを着てフォーマルな格好をすればよいというわけではありません。相手が自然体で撮影を受けたり話をしたりしやすいように、ＴＰＯに合わせて服装を選ぶことが大切です。その場に自然に溶け込めるような服装を心がけるとよいでしょう。また、セットを組んで撮影しながらの取材でなければ、特別な持ち物はそれほど必要ありませんが、名刺と筆記用具、ノート、ボイスレコーダー、カメラは最低限用意しておきましょう。特にレコーダーは止まってしまうと大変なので、予備電池も用意を。メモがわりに録音や撮影をするときは、相手の許可を得てからスタートするようにします。当然、ＳＮＳなどで私的に利用してはいけません。

服装は取材相手や内容に合わせて

常にフォーマルな格好をすればよいわけではなく、
相手が気持ちよく取材に応じてくれそうな服装を心がけます。

カジュアル

休日に一般人に取材する場合や、子どもやペットを相手にする場合などは、カジュアルな服装のほうがリラックスした雰囲気で取材を進められる

フォーマル

企業や官庁、目上の人などに取材するときは、比較的フォーマルな服装で、礼儀をわきまえている、きちんとした人という印象を与える

取材時の持ち物

特別な持ち物はほとんど必要ありませんが、
以下のようなものを用意しておくとよいでしょう。

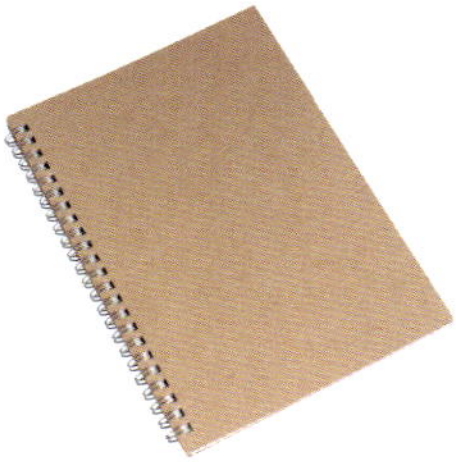

ノート

立ったままメモすることもあるので、A5くらいのサイズで、表紙が固いものだと書きやすくて便利

筆記用具

シャープペンよりも、筆圧関係なく書けるゲルインクボールペンやボールペンが使いやすい

カメラ

必要に応じて、メモ用に写真や動画を撮影するとよい。スマートフォンのカメラでもOK

ボイスレコーダー

ICレコーダーが一般的だが、スマートフォンのボイスメモ機能でも代用できる

Hint 話のきっかけになる手土産があるとよい

初対面の相手にいきなり心を開いて話をしてもらうのは、なかなか難しいものです。そんなときに、話のきっかけになる手土産があると、場が和みます。相手の喜ぶものや好きなものがわかっていればそういうものを、わからなければ地元のものや話題のものなどを用意するとよいでしょう。

66

話を引き出すインタビューのコツ

インタビューは人と人とのやり取りなので、正解はありません。インタビュアーや取材対象者によって、毎回やり方が違うと言っても過言ではないでしょう。ただ、すべてに共通して言えることもあります。まず、相手に正直に話してもらいたければ、インタビュアー自身が心を開いて正直になること。相手の話をよく聞いて、素直に反応し、素直に質問するのが、インタビューの基本です。「こんなこと聞いたら気分を悪くさせないだろうか」などと考えていると、相手の本音は聞けません。また、質問をぶつけたときに、相手が考え込んで黙ったとしても、少し待つことも大事です。それによって、用意された言葉ではない、本音が聞けることもあるからです。

真正面ではなく斜め前に座る

無意識に取材対象者の向かいに座ることは多いが、人は真正面に座られると威圧感を感じやすい。斜め向かい、理想は45度くらいの位置だと、目線を外す余裕があって相手もリラックスできる

集中できる場所を用意する

まわりがうるさかったり、プライベートな話をするときにまわりにまる聞こえだったりすると、当然話しづらい。話に集中できる環境を作ろう

雑談から本題に入る

「それでは……」とかしこまって話を始めると、相手も構えてしまう。その人と対面しての感想や、相手と自分との共通点など、自分の話を交えながらの雑談から本題に入ると、自然に話しやすい

基本は普通の会話と同じです
Writer

話を引き出すインタビューのコツ

1　本当に聞きたいことは三つに絞る

あれも聞こう、これも聞こうと質問事項を箇条書きにしてたくさんあげてしまいがちだが、そうすると次に質問することばかり考えてしまって、会話にリズムがなくなる。質問したいことをいろいろ書き出したうえで、本当に聞きたいことを三つだけに絞り、それを頭に入れておく。できるだけノートを見ないで会話に集中しよう

2　話を聞くことに集中する

インタビューをしながら、ノートにメモを取ったり、次に質問することを考えたりしていると、話の大事なポイントを聞き逃してしまう。メモや記録はボイスレコーダーに任せて、ノートに書くのは要点だけにし、話に集中して、あいづちを打ったり、気になった点を質問したりしよう

あの、もう一度
お聞きしても
いいですか…？

3　絶対に聞きたいことは繰り返し聞く

本当に聞きたいことを質問しても、はぐらかされたり、質問からずれた答えが返ってきたりすることもある。せっかく本当に聞きたかったことを聞いても、答えが返ってこなければ意味がない。あきらめずに、再度言葉を変えて繰り返し質問してみよう

Hint　インタビュー後もしばらく録音を続ける

「これで質問を終わります」と言って、リラックスした雰囲気になったときにこそ、雑談の中で相手の本音が出ることはよくあります。ひと通り質問を終えた後、今後のスケジュールなどを説明して、雑談をしているときも、席を立つまでレコーダーを回しておくとよいでしょう。

67

テープ起こしってどうやるの？

テープ起こしとは

取材時にボイスレコーダーで録音した音声を聞いて、文字を打ち出すこと。
「うーん」「とか」「ていう」など会話特有の意味のない言葉や繰り返しを除いた
「ケバ取り」という状態で仕上げることが多いです。

編集A

ていうか、B子さん、自炊とかしないんですか？
あ、でも忙しいから難しいですかね？

うーん、そうね、まったくしないっていうわけじゃないんだけどね……。早く帰れた日は、昨日とかそうだったんだけど、たまーにするときもあるかなあ。

モデルB子

テープ起こし原稿（ケバ取り）

A　B子さん、自炊はされないんですか？ お忙しいでしょうし、難しいですか？

B子　まったくしないわけではなんだけどね。昨日みたいに早く帰れた日は、することもあるかな。

インタビュー時にメモをきっちり取っていない場合、テープ起こしをしないと原稿を書けません。自分でテープ起こしをするときは、原稿が書きやすいように、必要な箇所だけざっと起こせば十分です。このとき、その人らしい語尾や口癖を残したほうが、読者に雰囲気が伝わることもあります。また、予算と時間に余裕があるなら、テープ起こしを外注する方法もあります。その場合、一字一句すべて起こす「素起こし」か、「え〜」「あのー」といった意味のない口癖や重複を除く「ケバ取り」か、ですます調に整えるなど決まった書式に仕上げてもらう「整文」のどれかを指示します。あまりテープ起こしに時間をかけず、サクッと終わらせて他の仕事に時間を回すようにしましょう。

テープ起こしのやり方

基本的には、音声データを聞きながら文字を打ち込んでいくだけですが、
これらのやり方を知っていると、作業が少し楽になります。

ソフトを使う

テープ起こし補助ソフトを使うと、再生、一時停止、巻き戻しなどをショートカットキーでできる、再生速度を変えるといった機能が使える。Windowsなら「Okoshiyasu2」、Macなら「Interview」などがある

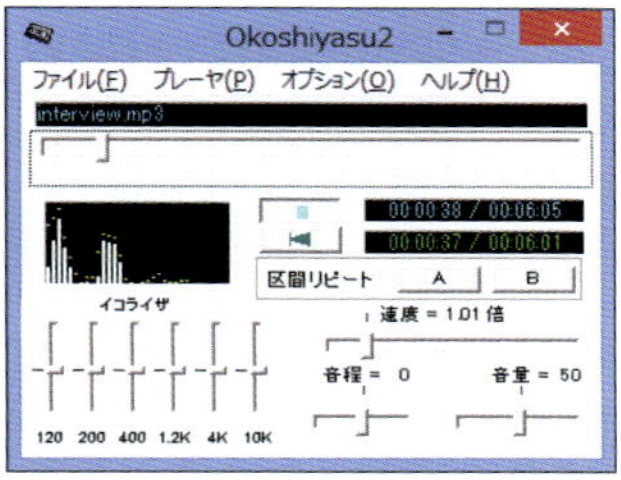

Siriを使う

Apple社の製品に備わっているSiriを使って文字起こしをする方法もある。メモアプリやGoogleドキュメントを開き、録音した音声データを聞きながらその話を声に出して繰り返し、Siriに文字化させるというやり方だ

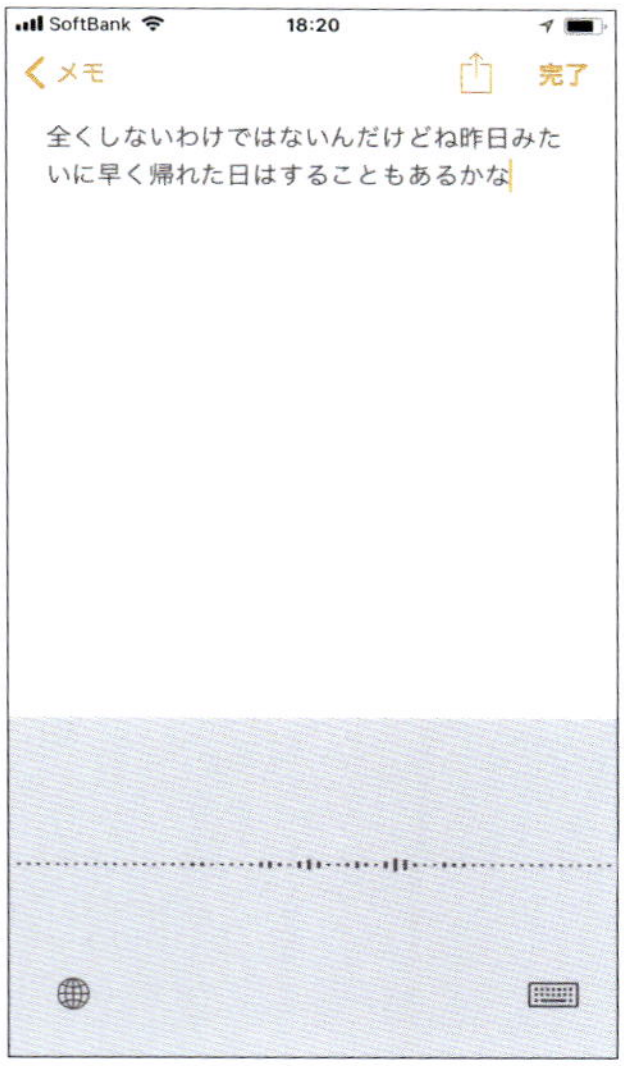

Hint テープ起こしを外注するには？

以前はテープ起こしを専門業社に発注するとかなりお金がかかりましたが、今はクラウドソーシングサービス『クラウドワークス』などを使って、リーズナブルに請け負ってくれるフリーランサーを探すことができるようになりました。条件を提示して募集したり、依頼したい人を見つけて連絡を取ったりといった方法で、条件に合う人を探すことができます。

『クラウドワークス』 https://crowdworks.jp/

68

大勢の人にコメントをもらいたい

アンケートの回答数を集めるコツ

不特定多数に回答してもらう場合は、できるだけ回答しやすくし、
回答者にもメリットを用意すると数を集められます。

回答者にはプレゼントや紙面への掲載など、何かしらの見返りを用意する
回答に時間がかかりすぎないようにし、かかる時間の目安などを記載する
回答者がやりやすい方法を選べるよう、複数の回答方法や返送方法を用意する
回答者からさらに拡散してもらうように依頼する

複数の人に同じことを聞きたいときや、多くの人からのコメントを集めたいとき、アンケート取材という方法を取ることがあります。複数の著名人からコメントをもらいたい場合も、アンケートなら応じてもらいやすくなります。話を聞く人が決まっている場合は、メールなどでアンケートフォームを送り、その回答に基づいてメールや電話で補足情報を聞きます。例えば「大型犬を飼っているおしゃれな人」など条件しか決まっていない場合は、ブログやSNSなどで探して、協力を依頼することもあります。または、アンケート代行業務やリサーチ代行業務を担ってくれる会社を使う方法も。いずれにしろ、必要な情報を得るための効率的な方法を考えて動きましょう。

アンケートのサンプル

企画の詳細は別紙またはメール本文にまとめて、
アンケート回答だけの用紙を作ると、コンパクトで答えやすくなります。

「食の匠」シリーズ　コンセプトブック

「食の匠」シリーズ 愛用者アンケート

2018 年 6 月

■プロフィールをお教えください。
・お名前：
・フリガナ：
・ご職業：
・お住まいの都市名（市区町村まで）：
・お電話番号：
・メールアドレス：
※追加で質問をさせていただく場合がございます。

■以下、可能な限りでご回答をお願いいたします。
【Q1】食の匠シリーズはいつから愛用していただいていますか？
□発売当初（5 年前）から　□1 年以上前　□1 年以内

【Q2】どのぐらいの頻度でお召し上がりいただいていますか？
□ほぼ毎日　□週 3～4 回程度　□週 1 回程度
□月に数回　□月 1 回程度　□年に数回程度

【Q3】どんなときにご利用いただくことが多いですか？
□日常的に（お召し上がりになる時間帯：　）
□自分へのごほうびとして
□特別な日のお祝いに
□人へのプレゼントに
□その他（　）

【Q4】食の匠シリーズの気に入っている点を具体的に教えてください。

【Q5】食の匠シリーズに望むことがあれば、ご自由にお書きください。

■このアンケートへのご回答とあわせて、プロフィール画像の送付をお願いします。

《ご返送先》担当：□□　メール：aaaaa@aaaaaaaaaaaaa　FAX：03-000-0000

ご協力ありがとうございました。

質問内容は必要最低限に絞る

選択式の質問から始めると、気軽に回答しやすい

この用紙をすぐ返送できるように、返送先を記載しておく

Hint　自動的に集計までされる『Google フォーム』が便利！

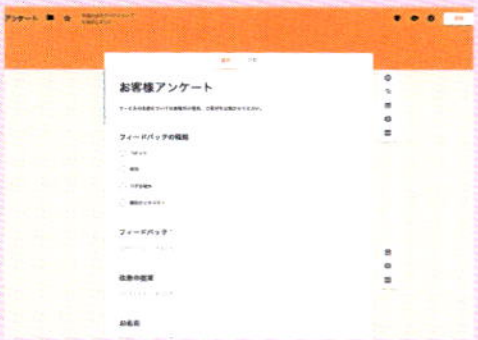

ウェブ上だけでアンケートを取るのなら、誰でも無料でアンケートフォームを作れる『Google フォーム』が便利です。選択式や記述式など回答の形式も選べて、質問に画像や動画を載せたり、回答者に画像をアップロードしてもらうこともできます。さらに、結果を自動的に集計してグラフにしてくれるため、集計する手間も省けます。

『Google フォーム』　https://docs.google.com/forms/

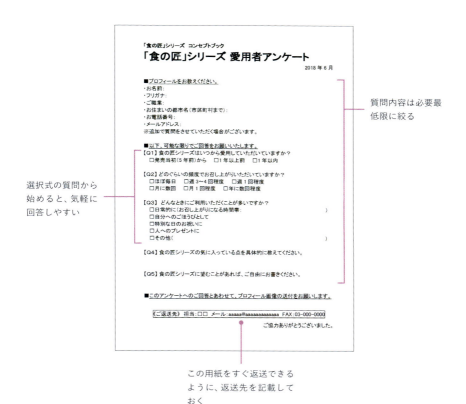

69 ライターってどうやって探すの？

得意なジャンルとテイストをチェック

過去の仕事を見せてもらい、
その人の得意なジャンルやテイストを確認しましょう。

ジャンル

- グルメ
- 人物ノンフィクション
- 経済
- 写真、サーフィン、ペットなど趣味系
- 芸術
- ファッション　etc...

テイスト

- カッチリ
- ノリノリ（若者向け）
- 子ども向け
- エッセイ風
- ドキュメンタリータッチ
- 教科書風　etc...

＋

人柄

ライターは、専門職でありながらその技能を証明することが難しく、名刺さえ作れば誰でもなることができます。そのため、出版社や編集プロダクション出身者の他、あるジャンルの専門家から転身した人や、フリーライターとして経験を積む中で技術を体得してきた人もいます。ただ、メディアに掲載されている文章には暗黙のルールがあり、また執筆を依頼するジャンルによっては専門知識が必要なので、誰に頼んでも同じというわけではありません。

ちなみに、「コピーライター」と名乗っている人は、広告の文字原稿を書く仕事をメインにしており、一字一句にこだわって推敲する作業を得意としているという特徴があります。

ライターの探し方

本やウェブから探す

制作物のジャンルに近い雑誌や書籍、ウェブサイトの中で、これはと思う文章を書いている人がいたら、クレジットをチェック。個人サイトを持っている人は少ないが、SNSなどから連絡してみよう

紹介してもらう

デザイナーやカメラマンに依頼するのなら、適任者を知っているか聞いてみよう。他業界の友人・知人に聞くという方法もあるが、適任者かどうかは過去の仕事を見て判断を

ネット上で探す

他のフリーランサーに比べて、ライターには個人サイトを作っている人が少ない。以下のようなサイトを使って探すこともできるが、その腕や人柄はよく見極めよう

NPO法人『マスコミ駆け込みクラブ』

http://www.masukomi-kakekomi.com/

メディアと専門家とをつなぐNPO法人。仕事の依頼情報を送ると、審査を通過した会員だけに情報が流れて、会員から応募が届く。適任のライターを紹介してもらうこともできる。同様に、カメラマン、イラストレーター、デザイナーなども探せる

『ランサーズ』

https://www.lancers.jp/

フリーランスの専門家を探せる、クラウドソーシングサービス。ライターだけで10万人以上の登録がある。条件を提示して募集することも、リストから依頼したいライターを見つけて連絡を取ることもできる

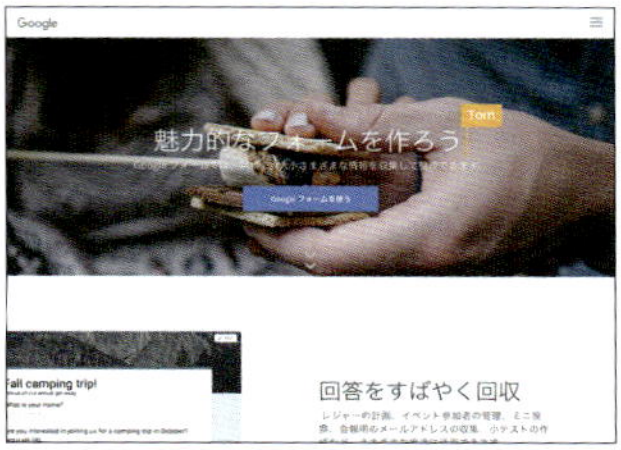

70

ライターに発注したい！

仕事範囲を決めて伝える

ライターに発注する場合、完全に執筆だけを依頼するケースや、
アポイント、取材先への確認などのやり取りまで頼むケースなど、さまざまです。
どこまで依頼するのがお互いにとってスムーズかを考え、発注時にはっきりさせておきましょう。

1. **アポイント**　取材相手に依頼をして、取材日程を決める
2. **取材**　基本的には編集担当も立ち会って取材する
3. **執筆**　編集担当の指示に従って原稿を書いてもらう
4. **取材先への確認**　編集担当の原稿確認後、取材先に内容を確認してもらう
5. **校正**　誤りがないか再度よく確認する

ライターとは、単に正しく日本語を書けるだけの人ではありません。企画意図やターゲットに合わせて、何をどんなテイストで書けば伝わるかといった、企画にかかわる部分も考慮して執筆しています。中には雑誌や書籍の編集経験をあわせ持つ人もいるので、その場合は企画や構成を考える編集作業の段階から相談に乗ってもらうのもよいでしょう。また、ライターが書く原稿には、広報対象に対する気持ちが表われます。原稿を依頼するときには、ただ資料や音源を渡して機械的に書いてもらうのではなく、できるだけ実物を見てもらったり、取材・撮影現場に立ち会ってもらったりして、広報対象に思い入れを持ってもらうと、気持ちの入ったよい原稿につながります。

執筆前に伝えること

特に企画意図やターゲットに合わせた文体やテイストなど、
文章のイメージを先にしっかりと伝えておくことで、
「思っていたのと違う」といった書き直しを防ぐことができます。

内容と分量

執筆してもらうテーマと文字数を伝え、取材前にはラフレイアウトを見せる。先割り（P124参照）の場合は、紙面デザインが上がったらPDFを送り、それに合わせて書いてもらう

文体やテイスト

「ですます調」か「である調」か、一人称か三人称か、筆者の主観はどれくらい入れるか、文章のノリはどういうものが理想かなど、企画意図やターゲットに合った文体やテイストを伝えておく。サンプル原稿があればそれを渡すとわかりやすい

統一表記

統一表記表（P165参照）などのルールがあれば、渡しておく。ない場合は、執筆しながらライターに統一表記をまとめてもらい、それを基準に統一してもよい。新聞向けの『記者ハンドブック』（「HINT」参照）などに合わせることもある

入稿形式

入稿するときはWordかテキストか、入稿時に使ってもらいたいフォーマットはあるのかなど、守ってほしいルールがあれば先に伝えておく

Hint 統一表記の基準になる『記者ハンドブック』

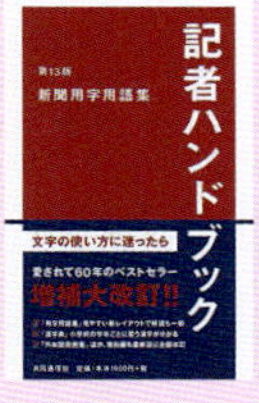

漢字と平仮名どちらを使うのか、送り仮名はどう付けるのか、同音異義語の使い分けはどうするのかなど、新聞社の記者が言葉を使ううえでの基準がまとまった一冊。新聞社だけでなく雑誌や書籍など紙メディアで働く編集者やライター、校正者などがよく参考にしています。

『記者ハンドブック 第13版 新聞用字用語集』（共同通信社刊、2016年）

71 読みやすい文章とは？

ターゲットの目線に立つことが大事

文字原稿を作成するにあたって最も意識したいのは、企画意図とターゲットに合った文章かどうかです。すべての基準をそこに置き、読者目線で判断しましょう。特に大切なのは、キャッチコピーや見出しと、文章の書き出しです。日頃から雑誌や広告などの表現を意識して見ておきましょう。

ライターや作家に執筆を依頼する場合も、ターゲットとなる読者の目線で読みにくくないか、確認を。また、メディア全体の統一表記を作って文書にしておくと、複数の人が原稿を書いたり校正したりしても、バラつきを抑えることができます。ライターの原稿を修正したい場合は、修正点とその理由を伝えて直してもらうか、許可を得てから手直しをしましょう。

統一表記表の作り方

基本は『記者ハンドブック』(P163参照)に則るのでもよいですが、
特に業界ならではの用語については、独自にまとめておきましょう。
例えば、アウトドア業界なら「バックパック」か「ザック」かなどです。

五十音順にすると言葉を探しやすい

間違えやすい表記をあげておく

50音	読みがな	用語	使用例	誤用例	備考
あ	あいさつ	あいさつ		×挨拶	
	あう	会う			
	あかし	あかし	信頼のあかし	×証	
	あかり	明かり		×灯り	
	あがる①	上がる	効果が上がる、腕前が上がる、利益が上がる		下がるの対語、終わる
			でき上がる、声を上げる、掘り上げる		
	あがる②	挙がる	名前が挙がる、証拠が挙がる		わかるよう示す、列挙
			手を挙げる、全力を挙げる、式を挙げる		

実際に使用する表記

Hint 紙媒体の原稿とウェブの原稿って違うの？

or

同じ「文章を書く」作業ですが、紙媒体とウェブの原稿は似て非なるものと言えます。まず、紙媒体はその媒体自体に集中している状態で開かれ、全体を一覧できるため、途中から読み始めることもあります。ところが、ウェブの原稿は基本的に上からスクロールしていくので、冒頭や途中でつまらないと思われたら最後まで読んでもらえません。また、紙媒体では言葉の魅力そのものに集中して考えればよいですが、ウェブの場合は検索エンジンからの集客を増やす「SEO対策」も求められます。その他、ウェブには基本的に情報量の制限がない、レイアウトに凝りにくい、後から修正できるといった特性もあります。これらの違いを理解しておきましょう。

決めておきたい表記

自分たちのメディアでよく使う表現に関しては、表記の仕方を表などにまとめておきましょう。
進めているうちにどうしても例外は出てきますが、
例外のルールも含めて決め、書き出していきます。

項目	決めておくこと	表記の例
文体	・ですます調か、である調か(本文、キャプションなどそれぞれ)	
キャプション	・文の終わりに句点はつけるか ・写真が複数ある場合は、上下左右と表現するか、数字を振るか。上下左右や数字の後は「:」「=」「)」など、どの記号を使うか	1:食の匠シリーズ 2:シェフの○○さん 3:おいしそうなご飯
クレジット	・そもそも表記するかどうか ・表記の仕方	写真=山賀沙耶 Photos: Saya Yamaga
単位	・カタカナにするかどうか	cm mm km %など
カギ類	・セリフを表す「 」の前後は改行するか。後に句点をつけるか ・「 」はセリフ以外、どういうときに使うか(商品名など) ・『 』はどういうときに使うか(雑誌・書籍名、映画名、店名、カギカッコの中の「」など) ・“ ”はどういうときに使うか(引用、強調など)	「食の匠」シリーズ、『ドン・キホーテ』など
料金	・数字は全角か半角か ・単位は円か¥か ・3ケタカンマは入れるか ・税込か税抜か。(税込)(税抜)と後ろにつけるか	1,080円(税込)
電話番号	・番号の前に何をつけるか ・数字とハイフンは全角か半角か	TEL: 03-0000-0000
日にち、時間、曜日	・7月20日か、7/20か ・10時30分か、10:30か ・曜日の表記はどうするか	営業:10:30～19:00 休み:木曜　※7/20は臨時休業

避けたい表現

日本語として誤っている表現はもちろん、
読む人を不快にさせる可能性のある表現は、避けたほうが無難です。
使用禁止用語も表にしてまとめておくとよいでしょう。

二重表現

×	○
必ず必要	必要
いちばん最初	最初・いちばん初め
約10倍くらい	約10倍・10倍くらい
各店舗ごとに	店舗ごとに・各店舗で
いまだに未解決の	未解決の・いまだに解決していない
違和感を感じる	違和感がある
元旦の朝	元旦・元日の朝
返事を返す	返事をする
犯罪を犯す	罪を犯す
被害を被る（こうむる）	被害を受ける・損害を被る
過半数を超える	過半数に達する
あらかじめ予約する	予約する

差別的にとらえられる可能性のある言葉

×	○
○○○屋	青果店・精肉店など
びっこを引く	足を引きずる
かたわ	体の不自由な人
こじき	ホームレス
気違い	マニア・精神障がい者
バーテン	バーテンダー
山陰地方	中国地方の日本海側など
バカチョンカメラ	全自動（オートマチック）カメラ
支那	中国
インディアン	ネイティブアメリカン
レズ・ホモ	レズビアン・ゲイ
障害者	障がい者・障碍者

その他、こんな表現にも注意！

- □「です」が続くなど、同じ言葉や語尾の繰り返し
- □ 助詞の「の」を3回以上続ける
- □ 句読点の少ない、長すぎる文
- □ カタカナや専門用語など、難解な言葉の多用
- □「なんと」「一切」「世界一」など、過剰な表現
- □「とてもたくさん」など、具体性にかける表現

72

他のサイトや本を参考に原稿を書いてもいい？

メディアを制作するうえで、他の人の著作権を侵害するのは、あってはならないことです。メディア制作者としての責任感を持ち、著作権法についても知っておきましょう。原稿を作成するときに、他の著作物を適法に利用する方法には、「参考」と「引用」があります。「参考」とは、他の著作物を読んで自分なりの言葉にまとめ直すことで、この場合、参考文献の明示は必須要件ではありません。一方、「引用」は他の著作物の一部をそのまま転載することで、これにはさまざまな制限がありますので、上記を参考にしてください。特にウェブでは誰もが簡単に著作物を公開できる時代だからこそ、著作権を侵害して信頼を落とすようなことがないよう注意しましょう。

こんな書き方は著作権侵害になりかねない

一つの文をそのまま転載

もとの文章を「参考」にしたのか、著作権法違反になる「盗作」にあたるのかの基準は、一つの文を頭から句点までそのままコピーしたかどうか、と言われている。一つの基準として知っておこう

引用部分がどこなのかわかりづらい

どこが引用部分なのか、その部分は誰が書いたのかなどがわかりづらいまとめ方はNG。引用箇所は「」で囲んだり、書体を変えたり、背景の色を変えたり、行頭を一段下げたりと明確にすること

引用元がどこなのかわからない

文章などを引用する場合は、必ず引用元を示さなければならない。本の場合は著作者名・書名（雑誌名）・ページ数・発行年など、ウェブサイトの場合はページタイトルとURLなどを明記する。引用をさらに引用する「孫引き」はNG

引用が文章のメインになっている

文章全体の中で、引用がメインではなく、あくまでもサブ的な要素でなければいけない。引用部分の割合は全体の1割程度までにとどめることが推奨されている

ウェブでの引用の仕方

食べ物が人を幸せにしてくれるという考えは、今に始まったことではないようです。例えば、今から400年以上も前の1605年にスペインで書かれた名著にも、以下のような言葉があります。

> “苦労だってパンがありゃ耐えられるもの。”
> セルバンテス・著／牛島信明・訳『ドン・キホーテ 後編（一）』2001年、岩波書店刊、206ページより引用

私たちも、この食べ物が持つ人を幸せにするパワーを信じています。・・・・・

紙媒体での引用の仕方

食べ物が人を幸せにしてくれるという考えは、今に始まったことではないようです。例えば、今から400年以上も前の1605年にスペインで書かれた名著にも、「苦労だってパンがありゃ耐えられるもの。（※注1）」という言葉が出てきます。

私たちも、この食べ物が持つ人を幸せにするパワーを信じています。・・・・・

※脚注
注1＝セルバンテス・著／牛島信明・訳『ドン・キホーテ 後編（一）』2001年、岩波書店刊、206ページより引用

Hint ウェブメディアの信用性が問われた「DeNA事件」

2016年、株式会社ディー・エヌ・エー（DeNA）が運営する健康関連のキュレーションサイトに、引用元の不明な記事が多く、他サイトからの記事の不正な借用が見られるとして問題になりました。さらに、医学的根拠に欠ける内容や、薬機法に抵触する可能性のある記述も多く見られました。これらの記事は、クラウドソーシングで安価に雇われたライターが、他サイトを参考にしながらリライトして大量作成していたこともわかっています。ウェブでは、誰もが気軽に文章を書いて公開することができ、テキストや画像のコピーも容易です。そのため、メディア制作の経験のない人が知識もなくメディアを立ち上げ、信頼性の薄い文章を公開し続けてしまうということも起こります。DeNA事件をきっかけに、ウェブメディア全体の信頼性はガタ落ちしました。そんなタイミングだからこそ、著作者を明確にする、専門的な内容には監修者を立てるといったメディアの基本をしっかり守ることが、信頼されるウェブメディアの運営に欠かせなくなっています。

73

ミスが起きにくい文字校正の流れ

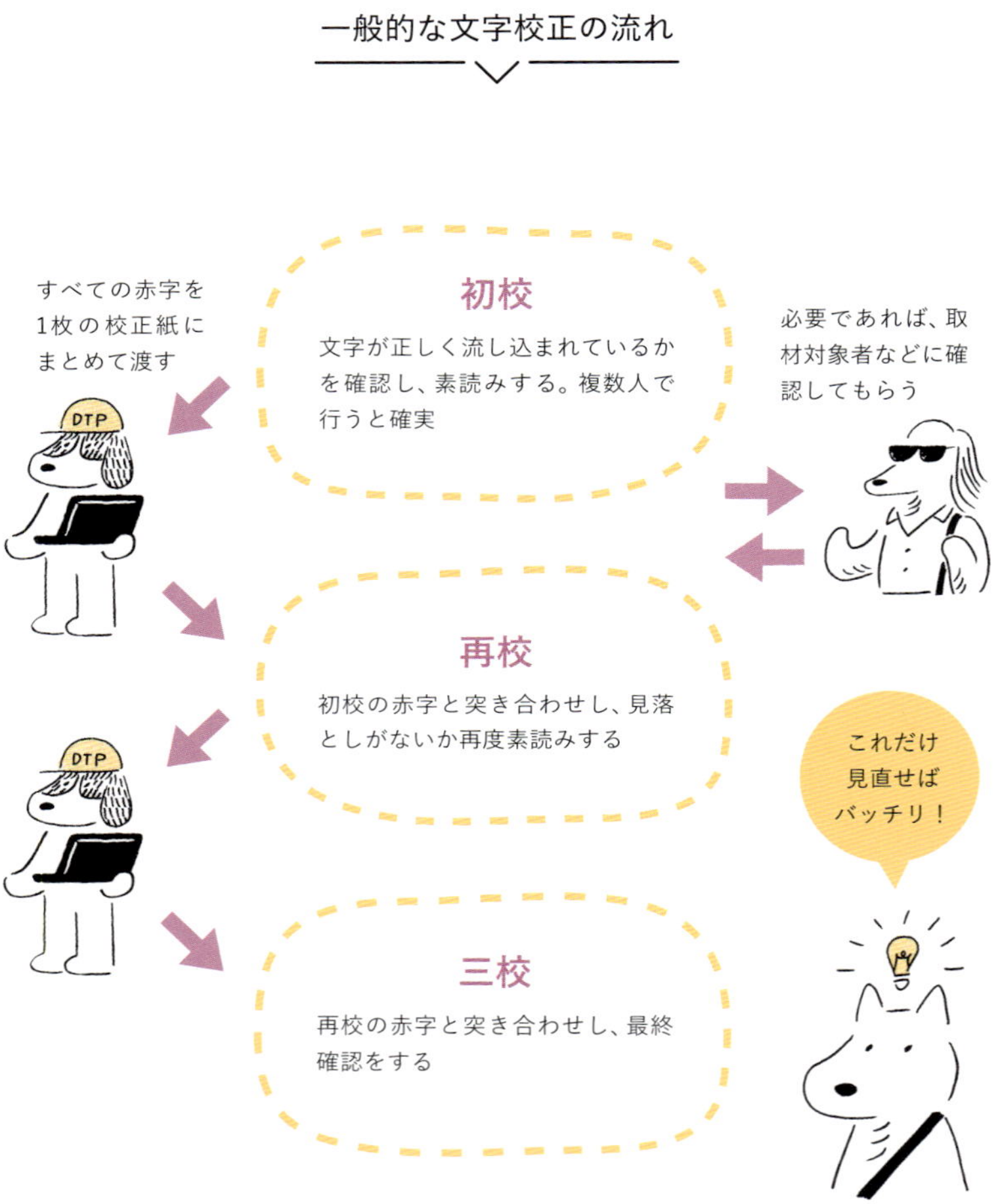
一般的な文字校正の流れ
初校
文字が正しく流し込まれているかを確認し、素読みする。複数人で行うと確実
すべての赤字を1枚の校正紙にまとめて渡す
DTP
必要であれば、取材対象者などに確認してもらう
再校
初校の赤字と突き合わせし、見落としがないか再度素読みする
DTP
これだけ見直せばバッチリ！
三校
再校の赤字と突き合わせし、最終確認をする

文字校正の段階では、デザイナーもしくはDTPが送ってくれたレイアウトデータを出力し、校正紙（ゲラ）として赤字を入れます。校正には「突き合わせ校正」と「素読み校正」の2行程があります。突き合わせとは、デザイナーもしくはDTPに渡した素材や赤字が、正確に校正紙に反映されているかを確認する作業で、赤字部分が直っているか一つひとつマーカーでチェックしながら行います。素読みとは、突き合わせ後の校正紙をそのまま読み通すことです。文字校正は初校、再校、三校と3回ほど行うのが一般的です。ただし、毎回新たな赤字を入れるのではなく、初校で赤字を入れ切るつもりで校正し、再校、三校では見落としを確認する程度にとどめましょう。

文字校正で見落としがちなポイントは？

文章の校正に集中するあまり、間違いを見落としがちなのが、
ナンバリングや、キャプションと写真が合っているかなど。
それぞれの文章を読むだけでなく、整合性も確認しましょう。

インデックスや
ショルダーの確認

タイトルやナンバリング
の確認。目次との照合

ノンブル（ページ数）
の確認

図版や写真とキャプションがあっているか。
本文との整合性がとれているか

Hint 校正時には必ず原寸大で出力を

文字校正をするときには、パソコンやタブレットの画面上ではなく、必ず原寸大で出力して行いましょう。電子画面上では、どうしても読み飛ばしてしまいがちです。また、縮小して印刷をすると、図版や文字の大きさが確認できないうえ、文字が小さくなるため細部まで確認しづらくなってしまいます。

突き合わせ校正が終わったら「突」、素読み校正が終わったら「す」、複数人で校正するときは名前の頭文字などを、紙面の端に記載しておくとよい

74 赤字の入れ方を知ろう

赤字の入れ方の例

赤字が他の文章にかかるとわかりづらくなるので、
余白をうまく使って入れましょう。数字は左ページの表と対応しています

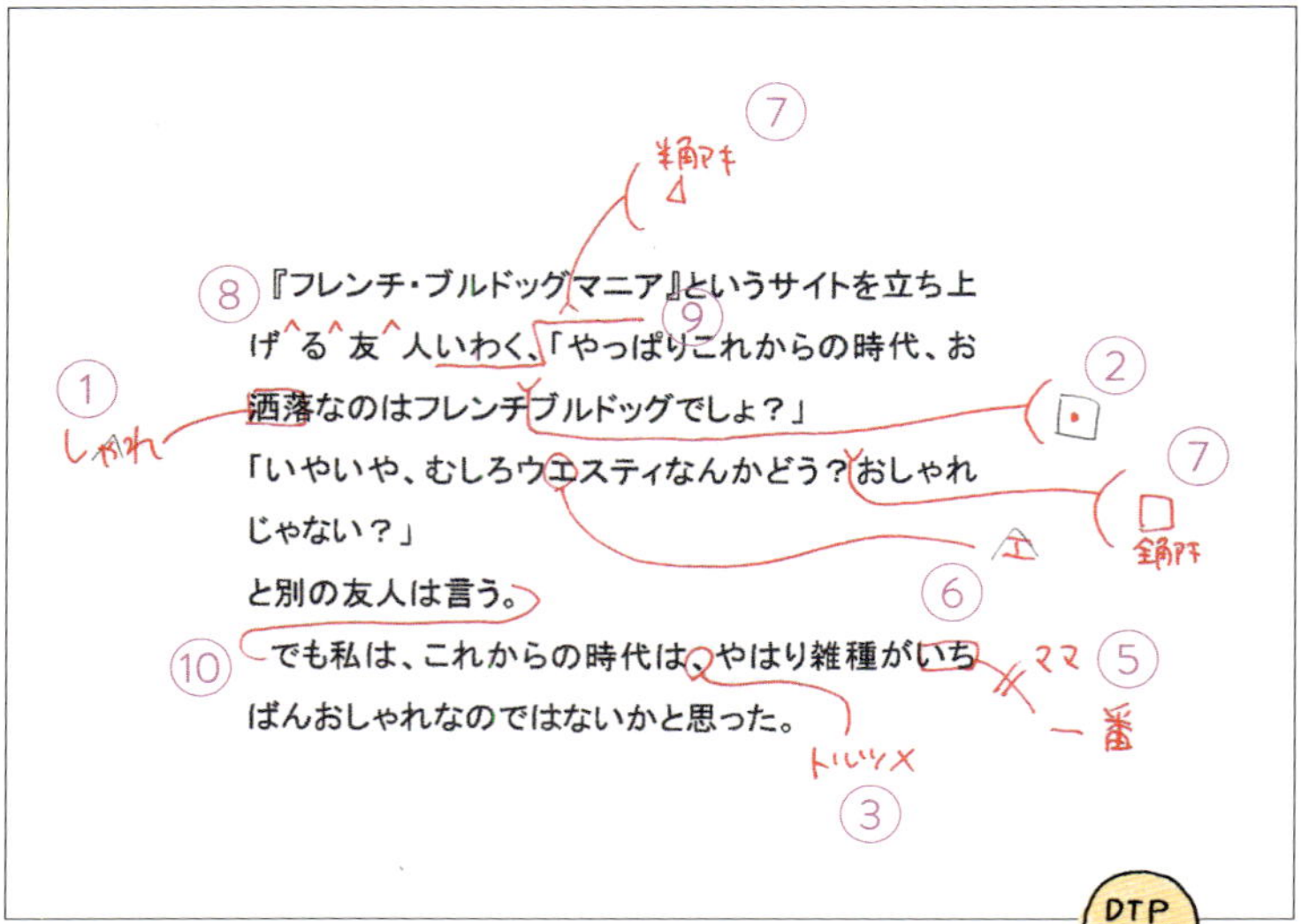

文字校正とは、漫然と校正紙を読むことではありません。わかりづらい表現や不適切な内容がないか、誤字脱字や事実関係の誤りがないか、一字一句目を凝らして確認します。また、このとき統一表記（P165参照）が守られているかもあわせて確認します。赤字は基本的に赤ペンで入れ、疑問点などが出てきたら付箋か黒鉛筆で記入し、疑問を解消したらはがしたり消したりします。曖昧な赤字を残したままデザイナーやDTPオペレーターに渡すと、混乱やミスが生じやすくなります。赤字を直すのはロボットだというつもりで、デザイナーやDTPが迷わず機械的に直せるように、わかりやすく正確に赤入れしましょう。

よく使う校正記号

1. 誤字や表記を直す
   いぬ → ね

2. 字間に文字や記号を追加する
   かいぬ → い

3. 文字を削除して字間を詰める
   しばいいぬ → トルツメ

4. 文字を削除して字間をそのまま空けておく
   とさきいぬ → トルママ

5. 訂正を取りやめる
   あきたいぬ → だ（ママ）

6. 文字を小さく（下付きに）／大きくする
   きしゆういぬ／きしゅういぬ

7. 半角空ける／全角空ける
   いぬ／いぬ（半角△／全角□）

8. 字間・行間を詰める・空ける
   い ぬ／いぬ

9. 行を新しく起こす（改行する）
   いぬ。しかし

10. 行を続ける
    いぬ。
    しかし

11. 文字・行を入れ替える
    ぬい

Hint プロの校正者に依頼すればミスを格段に減らせる

校正作業にもその道のプロがいて、素人では見落としがちな誤字脱字、間違えやすい漢字、通し番号のチェック、事実関係の確認などのノウハウを持っています。特に紙媒体では、誤りのある状態で気づかず大量に印刷してしまうと、刷り直したり正誤表を入れたりするのに、莫大な手間やコストがかかってしまいます。プロの校正者に依頼することで、そういったリスクを減らし、完成度の高い印刷物を制作することができます。

COLUMN A

編集目線を持った いい広報さんの話

さまざまな媒体の情報に詳しく かなりの褒め上手！

フリーランスで編集・ライティングの仕事をしているので、いろいろな媒体の記事作成にかかわる機会があります。あるスイーツブランドの広報さんは、どんな媒体で掲載をお願いしても、その媒体のよいところを褒めてくれます。さすが広報と言うべきか、さまざまな媒体に関心を持ち、その特徴に精通していてこちらの頭も下がります。単発のムック本などのお願いのときでも、その会社の別媒体について触れてくださるなどかなりの褒め上手。こちらもよい気分で仕事をすることができますね。また、タイトな日程のお仕事でも嫌な顔一つせず「この媒体に掲載してもらえて光栄です！」とのひと言を添えてスピーディーに対処してくれます。このような対応をしてくださると、自然と頭の中に存在が残っていて、新しい情報のリリースが来たときに、自分が持っている案件の中でどうにか紹介できないかと媒体を探し、積極的に掲載先を探すようになりました。やはり広報はブランドの顔でもあるなと認識した出来事でした。

編集ライター（30代女性）

CHAPTER 7

印刷所とのやり取り

自分でカタログや小冊子、チラシなどを制作するときに
必要となる最終関門が、「入稿・印刷」という作業です。
初心者のために、サポートが充実している印刷所も多いですが、
知っておくと安心！ な印刷・入稿の知識について学んでおきましょう。
最後の最後で仕上がりにがっくり…とならないよう、
目を通しておきましょう。

75

印刷会社ってどう選ぶ?

いろいろ相談にのってもらいたい場合

印刷に関する知識がなく、仕上がりなどの相談をしたい場合は、
営業担当がいたり、サポートをウリにしている
印刷会社を選ぶとよいでしょう。

問い合わせる
メール、問い合わせフォーム、電話などの方法がある

相談する
紙や加工についてや、入稿形式など、疑問点を聞く

見積もりをもらう
仕上がりイメージから見積もりを出してもらう

依頼する
金額に問題がなければ、発注する

不安があれば印刷会社に問い合わせをしよう

通常の印刷会社は営業担当がいていろいろと相談に乗ってくれる。見積もりも出してくれるので、ここだと決めたところがあればまずは相談してみよう。どこの印刷会社がよいかわからないときは、デザイナーに紹介してもらうか、インターネットで調べよう。出版物の奥付(P117参照)に印刷会社の名前が掲載されているので参考にするとよい

わからない
ことは
聞けるから
安心だな

チラシやポストカードなど主にペラものの制作物で、あまり予算がない場合は、インターネットの印刷会社を利用するとよいでしょう。ただし、ネット印刷は入稿作業を自分で行うため、ある程度印刷や入稿の知識が必要になります。

予算もそれなりにあり、少し凝った印刷をしたい場合や、仕様の決定に迷っている場合、印刷などの知識がなく不安な場合は、営業担当のいる印刷会社に問い合わせるとよいでしょう。デザイナーに印刷会社を紹介してもらうのも手です。

また、印刷会社によって扱っている紙やインクに制限がある場合があるので、使いたいものが決まっているときは事前に確認すると安心です。

予算が少ない場合

予算が少ないけれどオフセット印刷（Hint参照）で刷りたい場合は、インターネットの印刷会社に依頼するのがよいでしょう。入稿から納品までの日数によって金額が変わります。

短納期で低コストが特徴のネット印刷

ネット印刷の場合は担当営業が付かず、自分たちでウェブから入稿する方法が主流です。部数や加工、紙などもすべて画面上で注文します。デザイナーに入稿してもらう場合は、入稿間際に依頼せず、デザインを発注する際に相談してみましょう。また、紙や加工は各会社が扱っているものの中から選ぶことになるため、あまり凝った仕様はできません。

入稿するときは印刷会社のホームページにあるマニュアルをよく読めば理解できるよ
ただ、Illustratorや InDesignの操作がわからないとチョット難しいと感じるかも
編集担当者

僕が入稿作業をする場合は、はじめの依頼のときに言ってね
オーガニック シャンプー
DOG SHAMPOO
DOG
SHAMPOO
デザイナー

Hint オフセット印刷とオンデマンド印刷とは？

原版を作成し、印刷ブラケットから紙に転写する、顔料油性インクによる印刷を「オフセット印刷」と言い、多くの商業印刷で使用されています。それに対して、版を使用せず、パソコンからデータをプリンタに送り、レーザープリントで印刷するのが「オンデマンド印刷」です。少部数を早く安く刷るならオンデマンド印刷ですが、クオリティを求めるならオフセット印刷がおすすめです。オフセット印刷の場合、刷る紙によっても表現が変わるため、印刷会社から紙見本を取り寄せるとよいでしょう。

76 入稿ってどうやるの？

入稿方法を確認

ページものの場合

カタログや社史などページ数が多いものは、入稿データをメディアに焼き、印刷会社に渡すか、印刷会社指定のサーバーにデータをUPする。データのUPは基本的に編集担当が行うが、デザイナーにUPしてもらうことも。トラブルがないよう、最終形の出力見本と台割、入稿データ指示書を忘れずにつけること

ペラものの場合

データが軽いペラものは、ウェブサーバやストレージサービス上にデータをUPして入稿することが多い。その際、入稿データ指示書をつけ、出力見本を送付するとよい

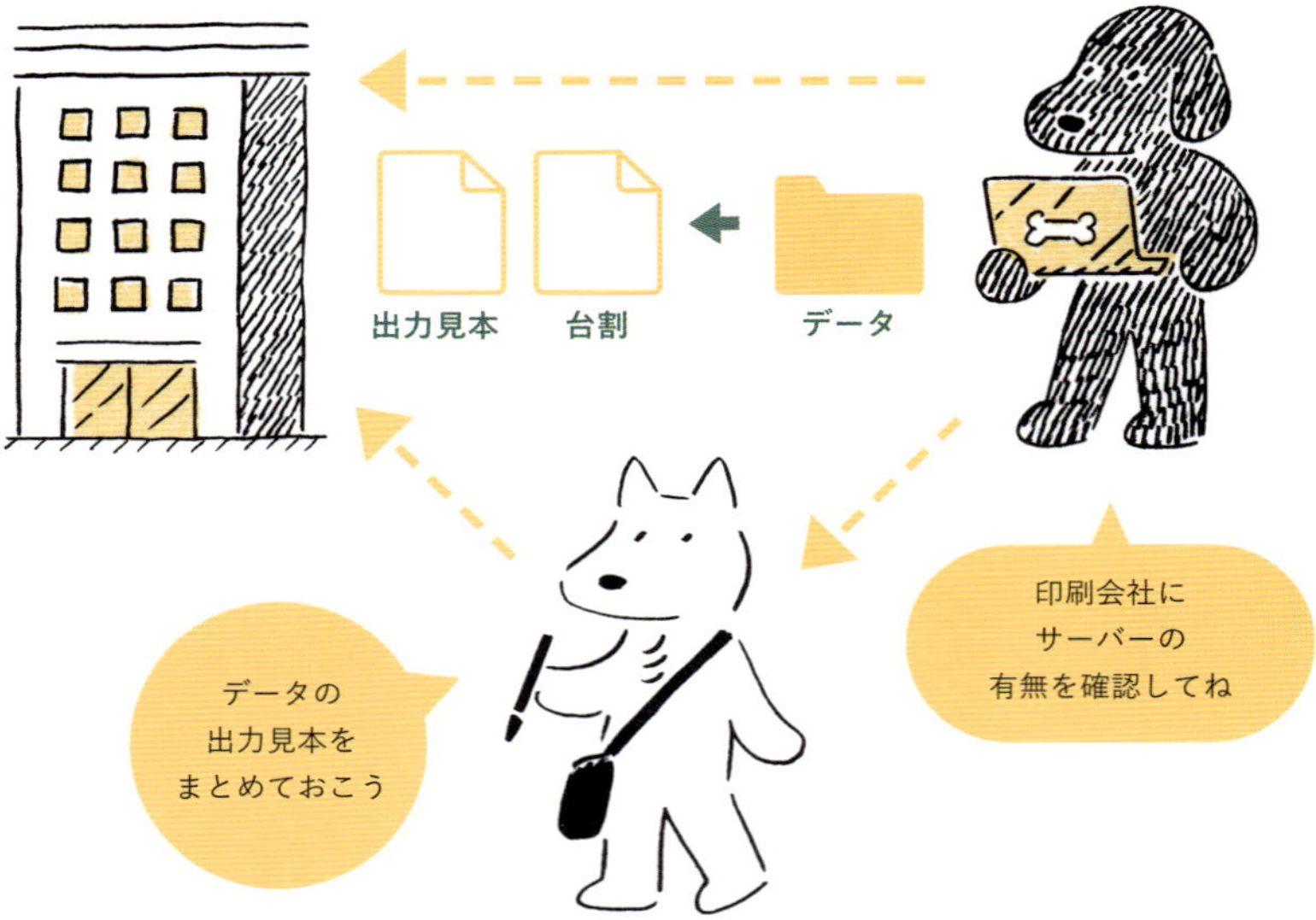
出力見本
台割
データ
印刷会社に
サーバーの
有無を確認してね
データの
出力見本を
まとめておこう

原稿やデザインに直すところがなくなったら、いよいよ入稿です。入稿とは、印刷するデータを印刷所へ渡す作業のこと。最終形のデータ、出力見本、入稿データ指示書の3点セットが基本となります。ページ数が多いものは、乱丁や落丁が起らないように、台割（P47参照）もつけるようにしましょう。

入稿作業で注意したいのは、作業にかかる時間を考慮すること。決められた入稿日を過ぎてしまうと納品の遅れにつながります。メディアを送付する場合は配送日数を、指定サーバーなどにデータをUPする場合は、アップロードの時間を確保します。データが重い場合は、日付をまたいでしまうトラブルも起きがちです。

入稿データ指示書とは

指示書は、入稿データとして不備がないようにする
チェックリストでもあります。
通常、各印刷会社が様式を用意しています。

ファイル名や制作元など

入稿するファイル名と制作した人の会社名や担当者名を記入する

印刷物の概要

仕上がりサイズや刷り部数、印刷の色数などを記入する

データの指定事項

アウトラインをかけたか、もしくはフォントを添付したかなど。OSのバージョンやオーバープリントの設定など基本事項も確認

制作環境

データを制作した各ソフトのバージョンなどを記入する

日本語フォント

対応している和文フォントを確認する

特記事項

上記にあてはまらない項目は必ず記入して、担当者に読んでもらうようにしておく

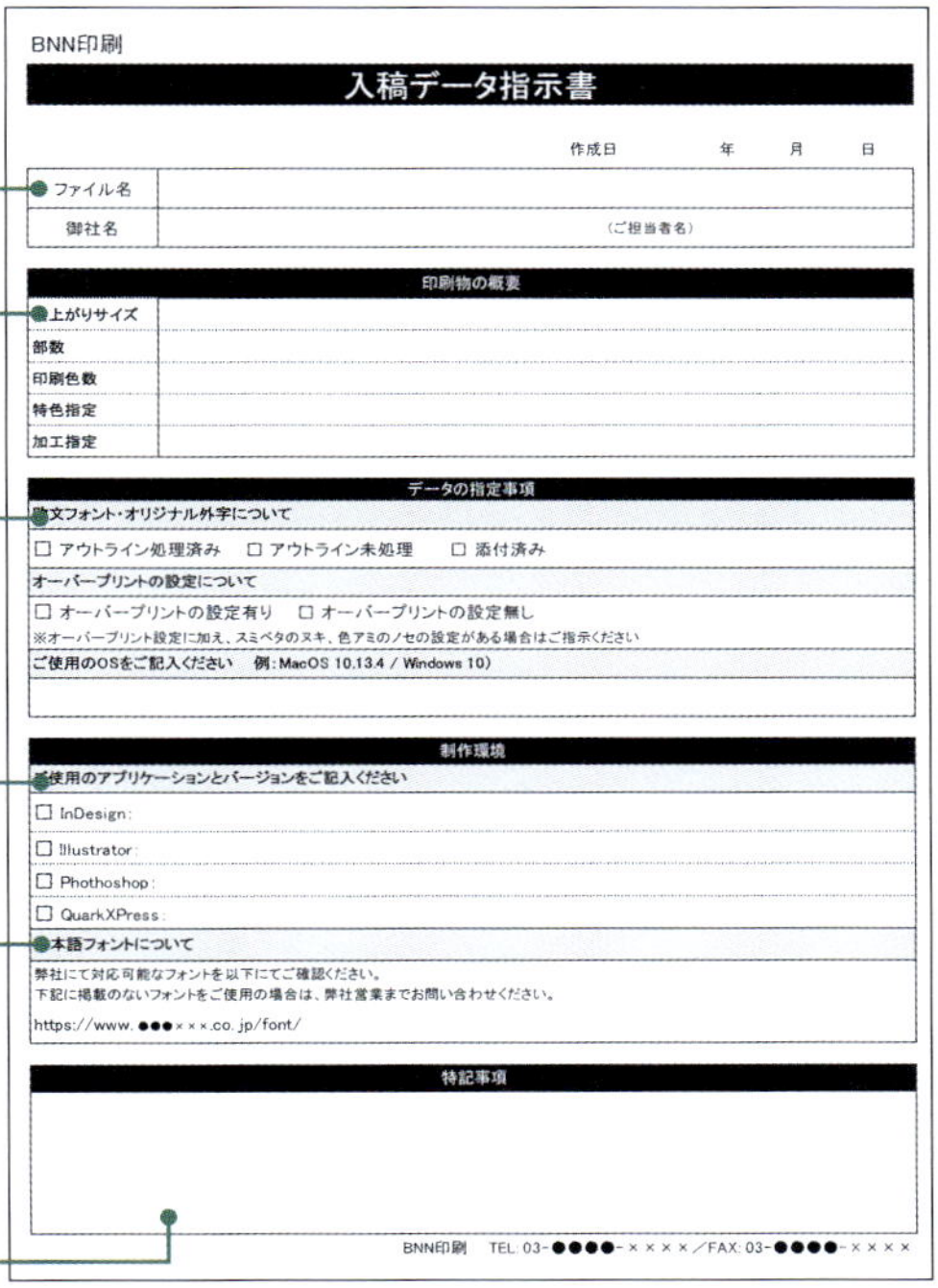

Hint 雑誌広告基準カラー（JMPA カラー）とは？

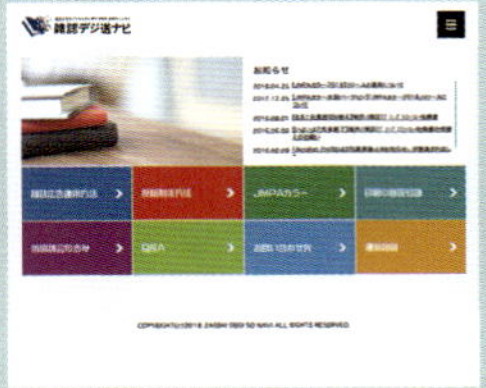

雑誌広告において、媒体ごとに色味が異なるといった問題が起きないよう、制作側と出版社、印刷会社との間で設けた統一の色基準を「JMPAカラー」と言います。どこの会社においても同じ基準での印刷が可能となり、色校正の手間やコストの削減につながっています。ただし、入稿時にJMPAの基準を満たしたデータを用意する必要があるため、形式やルールを事前に確認しましょう。

『雑誌デジ送ナビ』　http://www.3djma.jp/

77

入稿した後は何をしたらいい？

入稿から納品までの流れ

印刷の具合を確認する色校正作業を挟む場合は、
印刷所から校正紙が届くので、色味などをチェックします。
その後校了となり、後は印刷所からの納品を待ちます。

入稿作業

入稿データ、出力見本、入稿データ指示書を印刷所に渡す。入稿後は、最終のデータがどれかわかるようにきちんと保存・保管しておこう

簡易校正（プルーフ）

本番とは異なる紙やインクで簡易的に刷った校正紙。本番時の色の出具合などとは異なるが、本紙校正よりも低コストで大体の仕上がりを確認できる

本紙校正

実際に使う紙とインクで刷った校正紙。色はここでやっと本番として確認できる。写真やイラストなど、色が大切な印刷物は、予算があれば本紙校正を出すと安心

責了・校了

校正紙に修正指示を記入し、印刷所で修正してもらえれば印刷を進めてもらってOKという段階を「責了」。もう修正や作業がない完全データで、後は印刷してもらうのみという段階を「校了」という

納品

納品されたら、修正指示をしたものがきちんと反映されているか、汚れや乱丁などはないか、納品数は足りているかなどを確認する。問題があれば、刷り直しを依頼することになる

印刷会社へ入稿作業が完了したら、それで終わりではありません。印刷所から出る校正紙を確認する作業を挟む場合は、ここで完成形に近い状態での最終のチェックを行い、必要があれば修正指示を入れながら完成度を高めていくことになります。

　また、後々のことを考えて、入稿データを整理して保管しておくことも大切な作業です。わかりやすくプロジェクト名を付けたフォルダに、入稿データの他、納品してもらった画像やイラストのデータ、制作にかかわった人の連絡先や支払いに関するメモ、注意点などを記載した資料、契約書などをまとめて入れておけば、担当の変更があった際などにもスムーズに引き継ぎができます。

入稿した後にやっておくべきこと

校了するとほっとして気が緩んでしまいますが、
ここでやっておくべきことがいくつかあります。
データの整理や、紙媒体であれば見本紙の発送準備です。

データを整理する

最終の状態のデータ(校了データ)や、関係資料をまとめて整理しておくと、引き継ぎやリリースの問い合わせがあったときにもすぐ対応できる

バックアップ

印刷会社のデータ保管期間は会社によってまちまち。入稿データは必ずメディアに焼くなりして、パソコン以外の場所に保存しておこう。複数のバックアップ先があると安心だ

経費精算

制作関係者へ、請求書発行のお願いの連絡。モデル、スタジオ、リース代等々の支払い作業。各スタッフへのギャランティの支払いの準備などを進める

配送準備

寄稿などで制作に協力してくれた人、デザイナーやカメラマン、イラストレーター、ライターなど、関係者に見本紙を送付する準備。発送先と添え状を用意する

SNSへの投稿準備

制作した販促物の画像を使ってSNS用の告知記事の準備。デザイナーに断りを入れるか、別の案件として依頼を。写真やイラストなどの二次使用にも注意する

Hint SNSで表示される画像のサイズは?

制作した販促物を画像化、または再編集してSNSの記事を更新する場合は、以下のサイズを参考にするとよいでしょう(※2018年現在の値)。

Facebook
カバー画像:851(横) × 315px(縦)
OGP画像:1200(横) × 630px(縦)または470×246px

Instagram
1080(横)×1080px(縦)

Twitter
ヘッダー画像:1500(横) × 500px(縦)
シェアされたときの画像:280(横) × 150px(縦)

78 校正紙って何？

印刷会社から出される出力見本

入稿してほっとしたのもつかの間、印刷会社からは「校正紙」が戻されます。これは、ミスをしていないかどうかを確認する最後のステップです。

上質紙を使った本や冊子では、1枚の大きな紙を八つ折りにして16ページにすることが多い。この紙を折ったものを折丁と言い、一つの紙に刷られる16ページを1折と数える。冊子の本文全ページや、折ごとに校正紙を出す場合、裁断前の大きな紙の状態で出てくることもあり、これを折り曲げて折丁にして確認する

本印刷にかかる前に印刷所の機械に通して、不備がないか最終チェックするための刷物を「校正紙」と呼びます。校正紙には、本機校正（紙もインクも印刷機も本番と同じ）、本紙校正（紙とインクが本番と同じ）、簡易校正などがあり、どれを出してもらうか、何回出してもらうかは予算やスケジュールによりさまざまです。

校正紙への赤字は、印刷担当者に的確に伝わるように、発色のよいペンで丁寧に書くようにしましょう。この段階では、レイアウトの変更が起きるような赤字入れは極力避けましょう。大きな修正がある場合は、データを再入稿するほうが確実です。

赤字の入れ方

校正紙に赤字を入れるときは、
印刷担当者が読み間違えたり見落としたりしないよう
発色のよい赤ペンで、読みやすい文字で書き入れます。

色校正作業

色校正とは、色の出方などを確認する校正作業のことで、印刷所から出校してもらった校正紙で確認する。色校正をする校正紙を総じて「色校」と呼ぶこともある。色校正作業では、写真の色味や明るさなどを確認し、調整したい部分があれば、校正紙に直接赤字を書き込んでいく。また、版ズレなどの印刷トラブルも確認する。デザイナーにも校正紙を一部渡して、色味などを確認してもらうとよい

文字校正作業

現在は、印刷所に入稿する前に、デザイナーやDTPとのやり取りで文字やレイアウトの修正をほぼ終わらせるのが一般的(P170参照)。印刷所から出校した校正紙では、最終の文字校正のみを行い、最小限の赤字を入れる(赤字箇所に付箋を立てると印刷所の見落としを防げる)。レイアウト修正や大幅な文字修正がある場合、デザイナーやDTPに修正してもらい、データを再入稿することが多い

Hint 入稿後、印刷会社では何が起きている？

入稿から校了までは、印刷会社の担当とやり取りが増えていきます。印刷会社は編集・制作サイドが入稿したデータの不備や赤字を修正するために苦労することも。漫画『いとしの印刷ボーイズ』は、面白いエピソードで印刷会社のリアルな現場を読んで知ることができ、入稿作業の改善に役立つ手立てになりおすすめです。

『いとしの印刷ボーイズ 業界あるある「トラブル祭り」』
(奈良裕己(BOMANGA)・著、学研刊、2018年)

79

校了時に注意すべきことは?

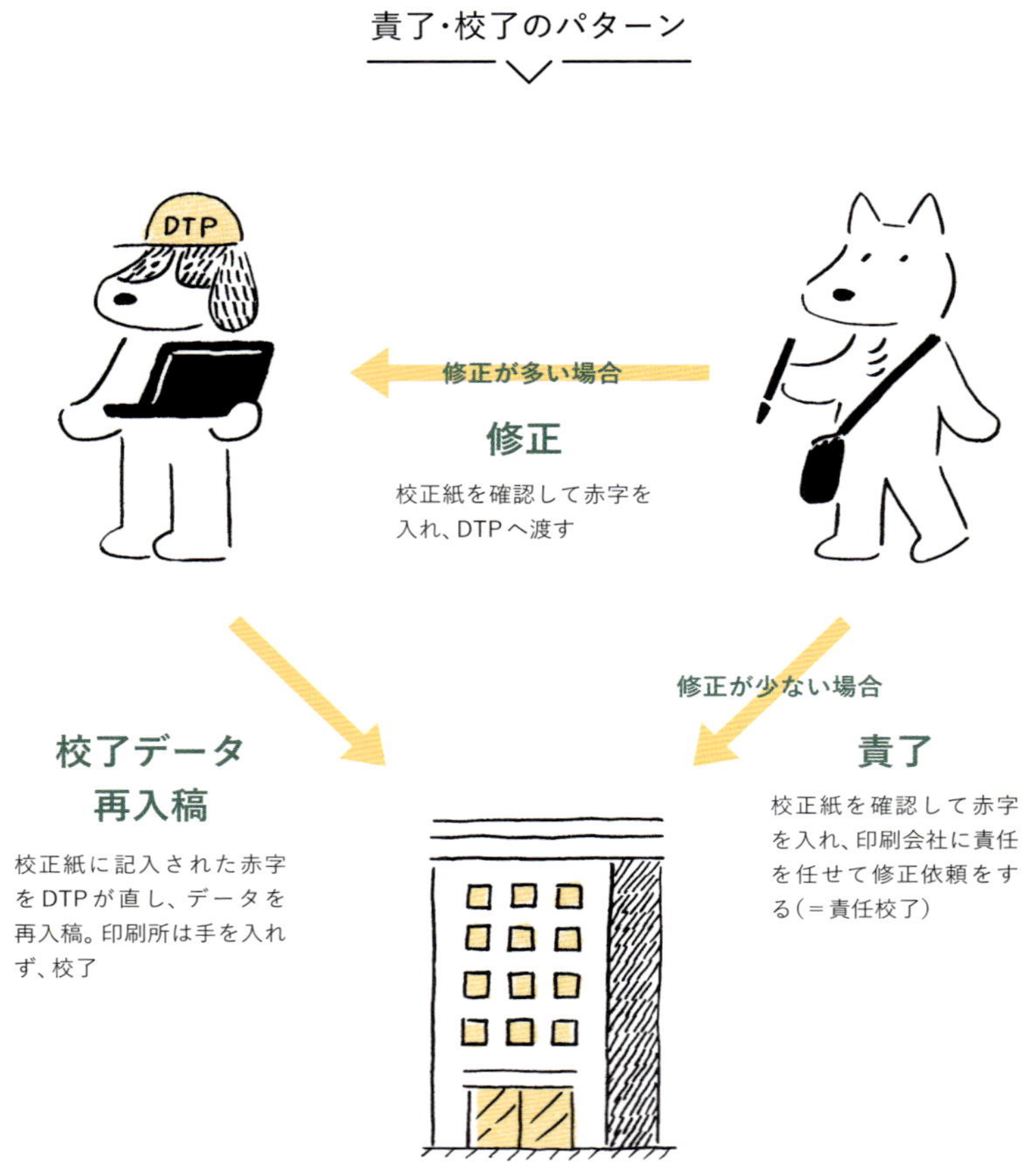
責了・校了のパターン
DTP
修正が多い場合
修正
校正紙を確認して赤字を入れ、DTPへ渡す
修正が少ない場合
校了データ再入稿
校正紙に記入された赤字をDTPが直し、データを再入稿。印刷所は手を入れず、校了
責了
校正紙を確認して赤字を入れ、印刷会社に責任を任せて修正依頼をする(=責任校了)

校了とは、校正紙のチェックや誤字修正もすべて終え、もう後は印刷に進むのみ! という状況のことで、いよいよ制作のゴール段階です。基本的には上図のような進行となり、校正紙確認→(場合によっては再入稿データの準備)→責了あるいは校了、という流れになります。

校了の場合は、修正などがもうない状態の完全データを印刷所に渡すことになるので、もし修正が入って再度データを渡し直す場合は、修正箇所を印刷所とも共有するようにしましょう。最終(校了)データが指示と同じ内容できちんと直っているかどうかを、印刷担当の人が照らし合わせながらチェックし、問題があれば連絡をくれるはずなので安心です。

校了前にチェックしておきたいこと

最後の最後で見つかるのは、些細なミスであったり、
思いがけず大胆なレイアウトのミスであったり……。
ありがちなミスを入稿前にチェックしましょう。

□ 誤字脱字・表記ユレ

何度も校正していても発覚するのが誤字脱字や表記ユレ。プロの校正が入っていれば、基本的に漏れることは少ない。よくあるのが、ノンブルや、手順を示す番号など数字まわりの振り間違い。また、スペルミスなどもよくある

□ 罫線や飾りの位置

罫線が途中で切れていたり、太さがバラバラだったり、長さが間違っていたりなど。他の修正作業時に何かの拍子でズレることがあるので、チェックしよう。また、印刷に不向きな0.1mm以下の細さの場合、印刷で出ないので注意する

□ 解像度不足

画像がアタリのままだったり、差し替えた本画像がそもそも解像度が低いなど。画像変換のやり方が間違っていると、数値上では高解像度のように見えても、実は低解像度のもので使えないデータだったりすることも

□ レイアウトのズレ

主にページもので起こりがちなミス。例えば、全ページ通して同じ位置で設定されているはずのページ番号（ノンブル）や柱の位置が、ページごとにズレていたりなど。レイアウト作業中には気づきづらく、校正紙の段階でチェックするとよい

□ 金額、通し番号、住所など

金額の桁が間違っていたり、通し番号がズレるなどはよく起こるミスだ。また、問い合わせ先の電話番号や会社名、氏名、住所など重要な情報に間違いがあると後対応が大変なので、特に慎重に見るようにしよう

□ ダミーのまま

とても目立ちそうで、意外と見落としてしまうのが、原稿がダミーのままとなっているミス。「ダミーダミー」「●●◎」「〓〓〓」などとなっているのでわかりそうだが、文字要素が多かったり、焦って校了すると発生しがちなので注意

Hint 責了と校了、どう違う？

前ページでも少しだけ触れましたが、責了と校了はその意味合いがやや異なります。責了は、校正紙に明確な赤字を入れ、指示通り修正してもらうことを前提に、再校出し不要で印刷を進めてOK、とするもので、「責任校了」の略です。些細な修正であれば、責了としたほうがコストも日数も削減できます。赤字の入れ方は、P183を参考にしてみてください。付箋を立てておくと、印刷所も見落とさずに安心です。

COLUMN B

起きがちなトラブルと
その対策

印刷後にミスが発覚！
どうすればいい？

何度もチェックしていたはずなのに、大切な数字を間違えていたり、会社名の記載に不備があったり……思わぬミスが発生してしまうことは、まったくないとは言えません（もちろん完璧を目指すことが大切ですが）。ミスが発覚したときは、速やかな行動が求められます。まだ印刷にかかったばかりの段階であれば、印刷所にすぐ連絡をして一旦印刷を止めてもらうことが可能です。ただ、その分納期は遅れ、刷り直しの費用も負担することに。完成後にミスが発覚した場合は、内容にもよりますが、多くの場合は誤った記載をしたページ数とその内容、ならびに正しい情報を掲載した正誤表を用意し、実物に挟み込んだり、ウェブ上で公開したりします。正しい情報を印刷したシールを上から貼ることもあります。お詫びの文面は会社ごとに決まっている場合もありますので、確認しましょう。また関係者への直接の謝罪などが必要な場合もあるので、自分で抱え込まずに、社内に速やかに報告・相談するようにしましょう。

CHAPTER 8

事例紹介

ここでは、「編集」の目線がしっかり入って制作された
優れた広報・販促物の事例を、担当者のお話とともに紹介します。
誰にどんなことを伝えるために、アピールポイントを打ち出し、
媒体を選び、表現方法を決定していったのか。
異なる業界の販促物であっても、その仕上がりや制作の熱量から、
さまざまな刺激やインスピレーションが得られるはずです。

10年に及ぶ復元計画、最終章。
名古屋城
本丸御殿
完成公開
THE NAGOYA CASTLE
HOMMARU PALACE
2018/6/8

アートディレクター：廣村正彰［廣村デザイン事務所］／スペシャルムービー監督：山城大督／PRサポート：鈴江恵子［SUZU PR COMPANY］／企画・コーディネート：ユネスコ・デザイン都市なごや推進事業実行委員会

観光を超えた文化資産としての価値を、王道デザインで表現

名古屋城本丸御殿完成公開

愛知県名古屋市が所有・管理する名古屋城で、
10年以上かけて行われてきた、本丸御殿の復元事業。
2018年6月にその完成を迎えるにあたって、
観光地よりも文化資産として世界へと発信しようと
広報活動を展開してきた2人に、お話を聞きました。

名古屋市観光文化交流局
吉田祐治さん、江坂恵里子さん

金のしゃちほこを天守閣に掲げた名古屋市のシンボル、名古屋城。その本丸御殿復元の完成公開の広報活動は、２０１７年４月に催事広報担当として吉田祐治さんが異動してきたところから始まります。

「お城と言うと天守閣のイメージが強いですが、御殿には建築や美術、工芸などあらゆる日本文化の要素が凝縮されていて、観光地というだけでなく文化資産であり芸術空間だと思ったんです。完成公開にあたって、この魅力はちゃんと伝えなければと考えたときに、ユネスコ・デザイン都市なごやのディレクターで、これまでも文化プロジェクトを一緒に行っていた江坂さんに相談しました」

本丸御殿は２０１３年に第１期、２０１６年に第２期と部分公開し、これまでも広報活動を行っていましたが、その魅力が全国的には伝わっていないのではと、吉田さんは感じていたそうです。

「吉田さんから相談を受けて、ぜひお手伝いしたいと。国内だけでなく、世界に向けても発信できるものにしましょうと話しました」と、江坂恵里子さんも言います。

そこで江坂さんが声をかけたのが愛知県出身のアートディレクター、廣村正彰さん。そこに、東京を拠点に広報ＰＲ活動をしており、グローバルな視点と日本の文化への造詣をあわせ持つ鈴江恵子

▶

完成公開チラシ
(2018年5月～配布)

チラシとメインのポスターには、色鮮やかな彫刻欄間のクローズアップ写真を大胆に配置。余計な説明は省き、明朝体の文字と写真だけの、シンプルながら格式高いデザインに仕上げた

記念式典配布用の冊子

今回の広報PRの集大成とも言える冊子。城に興味はあるけれど詳しくはない江坂さんの目線を大事に編集した。松岡正剛さんや橋本麻里さん、五十嵐太郎さんも寄稿している。表紙のタイトルは金色の箔押し加工

さんと、デザインやアート、カルチャーを中心に活躍する編集ライター、上條桂子さんが加わりました。「予算は決して潤沢ではありませんでしたが、皆さん強い想いを持って仕事をしてくださって。廣村事務所の皆さんとは月1回ミーティングをして、内容を詰めていきました。結果、とても密度の濃いチームになっていったんです」

廣村さんの考えたデザインの方向性は「王道で行く。余計なことはしない。シンプルだけれど骨太で、格式のあるもの」。ターゲットは歴史や城、観光が好きな中高年に加えて、雑誌『カーサ・ブルータス』や『家庭画報』を読むような、芸術やアート、建築巡りが好きな若い人たちも想定しました。

こうして、2017年秋に第一弾のチラシとポスターが完成。と

完成公開予告チラシ（2017年10月～配布）

このチラシとポスターが、この広報PRの原点となった。まだ本丸御殿が完成しておらず、ありもの素材だけで作成したにもかかわらず、目新しさを感じさせる

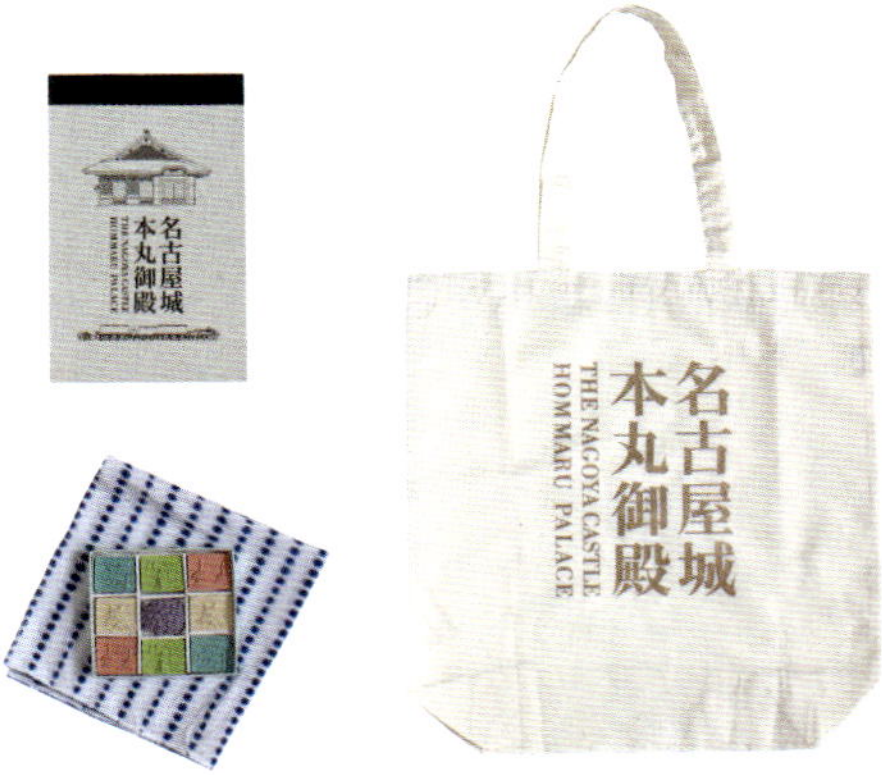

記念式典配布用の記念品

老舗和菓子店『両口屋是清』に尾張四景の干菓子を作ってもらい有松鳴海絞りの手ぬぐいで包んだもの、ツバメノートのメモ帳、トートバッグ。軽くてかさばらない地場のもの、日本のものをと考えた

ころが、それを見た周囲の反応は、ポジティブなものだけではありませんでした。「シンプルすぎると。もっと説明を足したくなる気持ちもわかるんです。でも、まわりによき理解者がいたのもあって、この方向性で続けていくことができました」と吉田さん。

その後は翌年6月の記念式典に向けて、映像やティザーサイト、SNSと、新たなチラシ、ポスター、冊子、記念品を作り、式典前日はプレスツアーも開催。その頃には広報の方向性を理解し応援してくれる人も増えていたそうです。

「ここまでの活動はある意味スタートライン。今後この本丸御殿をどう生かすかが大事だと思います。市民の方々に『名古屋城は私たちの資産』と思ってもらえるように広報するのが次のステップですね」

デザイナー:ジャパン ベーカリー マーケティング/PR
サポート:鈴江恵子[SUZU PR COMPANY]

話題を呼ぶための仕掛けと準備が奏功した

高級食パン専門店『考えた人すごいわ』

ひと目で製パン店とはわからないユニークなネーミングが話題の、
食パン専門店『考えた人すごいわ』。
その店名とキャッチーなロゴは
プロデュース会社との密なコミュニケーションから
生まれました。

『オーネスティグループ』代表 大舘誠さん(中)
『ジャパン ベーカリー マーケティング』朝倉由起子さん(左)
『SUZU PR COMPANY』鈴江恵子さん(右)

食パンの専門店『考えた人すごいわ』は、2018年7月1日に西武鉄道池袋線・清瀬駅の駅前にオープンしました。運営は、コッペパン専門店『(食)盛岡製パン』などを展開する『オーネスティグループ』。代表の大舘誠さんはかねてより、食パンの専門店を出したいと考えており、今回理想の食パンができ上がったことで、満を持して1号店をオープン。そのユニークなネーミングと食パン専門店ブームの追い風もあり、オープン前からメディアで話題を呼びました。

店舗プロデュースを手掛けたのは、ベーカリーの開業支援と販売コンサルティングを行う『ジャパン ベーカリー マーケティング』。オーネスティグループとは、(食)盛岡製パンのころからタッグを組んでいます。「生で食べてもおいしい食パンの専門店を作りたいとずっと思っていたところ、ジャパン ベーカリー マーケティングさんが、そのまま食べてもおいしいまるでケーキのような食パンを作ってくださったんです」と大舘さん。店名は、ジャパン ベーカリー マーケティングの岸本氏からの提案で、食べた人が店名の通りに感じてもらえればという思いから考えたものだそう。「食パンには絶対的な自信があり、一度食べてもらえればリピートしてもらえる確信はあったので、『ここは何屋さんなの?』と言われる

▶

店舗フライヤーの中面(上)と表1・4(下)

食パンに対するこだわりが書かれたフライヤー。厳選された素材の説明と、おすすめのおいしい食べ方を提案している。このフライヤーがあれば、パンの説明いらずに

清瀬に衝撃！一度食べたらわかります！

オープン告知チラシ

オープン情報を記載したチラシでは「まるでケーキのようなパンなんです!!」のキャッチで、お客様の心をわしづかみに。裏面には店舗ロゴと同じ明朝体を使い、インパクト抜群

店頭ポスター

店頭に掲載されているポスターは、わかりやすく、食パンの写真と商品名、店舗ロゴのみでシンプルに仕上げた。何を販売しているのかが、ひと目でわかる仕掛け

ようなインパクトのある名前は、利用動機になるのではないかと考えました。店名が決まると、連想ゲーム的にロダンの『考える人』のロゴが決まりましたね」と、大舘さんと二人三脚で店を作り上げたジャパン ベーカリー マーケティングのプロデュースチーム・マネージャーの朝倉由起子さん。店舗ロゴやパッケージデザインは何度も修正をかけて作り上げたもの。また、店舗は訪れたお客さんが、ここに来たことを自慢に思ってもらえるようにと、おしゃれなカフェ風にトーンを決め、崩すところと固めるところのバランスにメリハリをつけたと言います。

「全国のベーカリーをプロデュースしているジャパン ベーカリー マーケティングさんの感性には、全面的に信頼を置いています。弊

オープニングレセプション＆プレオープン

オープン前日には、メディア関係者を集めて店ができた経緯とパンへのこだわりを伝えるお披露目会が開催された。その参加申し込みにはGoogleドライブを使い、お土産として食パン2種を人数分用意。また、プロカメラマンが撮影した店舗やパンの画像データを、メディア関係者がGoogleドライブからすぐにダウンロードできるようにした。これらの仕掛けと準備によって、実際に多くのメディアに取り上げられ、大きな話題を呼ぶ結果につながった

社だけでは打ち出せないアイデアがあるので、一緒に作り上げる楽しみがありますね。コミュニケーションを密に取ってくださるので、同じ会社の仲間のような感覚になります」と大舘さん。

ブランドイメージが固まった後、『SUZU PR COMPANY』の鈴江恵子さんにメディアへの広報PRを依頼し、プレオープンの日にはメディア向けのレセプションも開催。店舗プロデュースと店舗運営、広報PRと各分野のプロフェッショナルとして意見を出し合い、一つのブランドを作り上げました。

ベーカリー業界に特化している会社だからこその思い切ったアイデアを採用した『考えた人すごいわ』。一度聞いたら忘れることのできないネーミングに、多くの人が注目すること間違いなしです。

左から5人目が代表の草彅さん

世界を"編集"するクリエイティブ集団

東京ピストル

紙やウェブにとどまらず、場や街などを縦横無尽に
"編集"するクリエイティブ集団『東京ピストル』。
新しい価値を生み出すことで世間の注目を集める
その手法に迫りました。

企業が独自のオウンメディアを持つ現代。そのコンテンツ作りを担い、企業が抱える問題を解決しているのが、クリエイティブ集団『東京ピストル』です。

「僕たちにとって編集とは、たくさんの情報をスキルやコネクションによってナビゲーションしていくことです。例えば、企業から紙媒体を使ったプロモーションの相談を受けたとして、僕らはそもそも紙媒体でその情報を伝えるのが正しいかどうかを検証する作業から入っていきます。課題についてブレストしてアイデアを出し合い、問題の本質を考えて、紙にこだわらずウェブやイベント、場作りなど全方位で提案しています」と、代表の草彅洋平さん。

企業から依頼を受けたクリエイティブを担うだけでなく、リアル

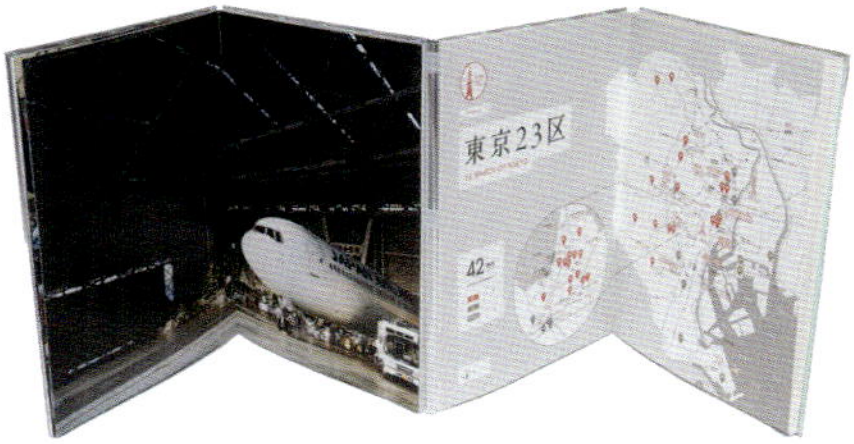

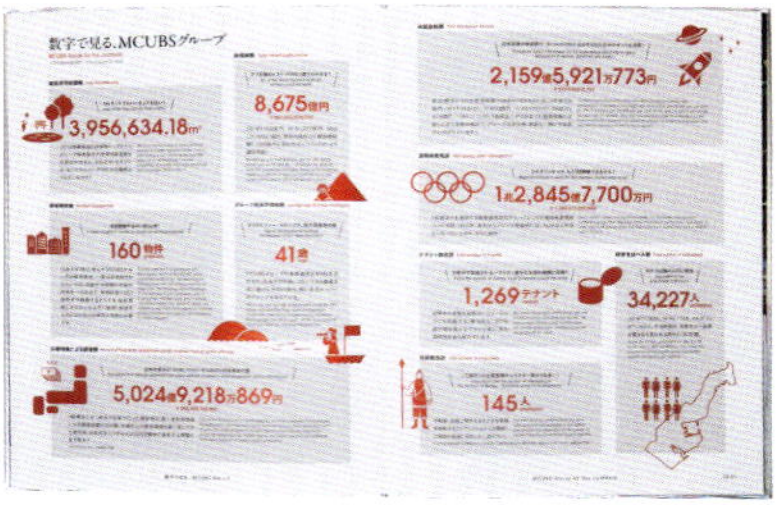

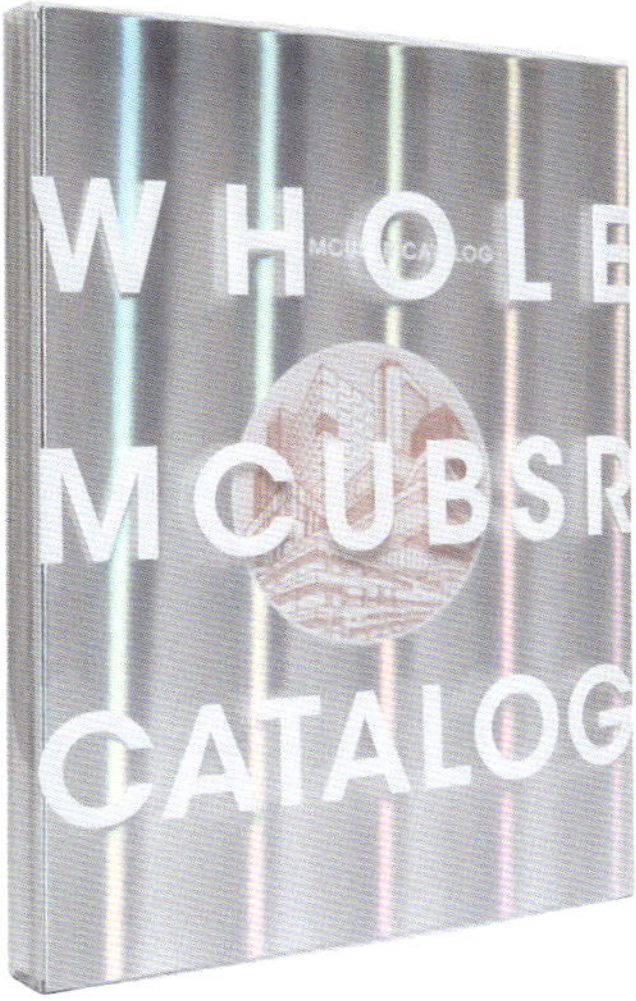

三菱商事・ユービーエス・リアルティ 15周年記念誌

企業の15周年を記念して、その業績を一冊にまとめたもの。クライアントから賞を取ってほしいとの要望もあり、企業名の頭文字の"M"になるように造本するなど、工夫と遊び心満載で制作した。第51回造本装幀コンクール「日本書籍出版協会理事長賞」他受賞多数

クライアント：三菱商事・ユービーエス・リアルティ

な〝場〟のプロデュース・運営も行っています。文学をテーマにしたブックカフェ『BUNDAN COFFEE & BEER』や、下北沢の街に新たな表現拠点を作り出すプロジェクト『下北沢ケージ』なども、彼らが作り出した場の一つです。

いずれにしろ、この集団の最大の強みは、今までになかった価値を生み出すこと。「僕が常に思っているのは〝二番煎じは面白くない〟ということです。今世の中にある成功事例を参考にして同じものを作っても、早い時代の流れの中では消費されていくだけ。新しいものを生み出すからこそ、記憶に残り、価値が生まれるのだと思います」

例えば、2017年12月に下北沢ケージを会場に実施した、『コロナ・エキストラ』が主催するアウトドアサウナイベント。一般的に

下北沢ケージ

京王井の頭線・下北沢駅の高架下に3年間限定で生まれた『下北沢ケージ』。憩いの場として、またイベント会場として利用されている。下の写真は、2017年に『コロナ・エキストラ』のPRキャンペーンとして開催されたアウトドアサウナイベント（主催：アンハイザー・ブッシュ・インベブジャパン）

事業主：京王電鉄／運営：京王電鉄、スピーク、東京ピストル／運営委託（隣接のアジア屋台酒場・ロンヴァクアン）：WAT

ビール販売数が減少する冬の時期に、どうプロモーションを打ち出すかが課題でした。そこで、今流行の兆しを見せているサウナとビールを結び付け、下北沢ケージにアウトドアサウナを作り、大人の冬の遊び方を提案するイベントを開催。２日間で１００名の参加募集に１８００人もの応募が殺到し、当日はＳＮＳでも拡散され話題を呼びました。

　また、各メディアで取り上げられその存在が知られるようになった、ホストのいる書店『歌舞伎町ブックセンター』。こちらは、ホストクラブを経営する文学好きの手塚マキさんとの対話の中で、ホストの求人が減少しているという問題を投げかけられたのがきっかけです。さらにホストに教養や社会性を身に着けてほしいとの手塚さ

歌舞伎町ブックセンター

夜の街・歌舞伎町にオープンした、現役のホスト書店員たちが本を紹介してくれる書店のプロデュースも。その目的は、売り上げよりもホストクラブのプロモーション。街の特徴をとらえ、扱う本は「LOVE」をテーマにしたものでそろえた

クライアント：Smappa!Group

んの思いを救い上げ、ホストのいる書店作りを提案しました。こうして、女性にとってはホストを身近に感じてもらう場所として、男性にはホストになるきっかけ作りの場所として、今までになかった新しい仕組みを作り出したのです。

「クリエイティブを担当する側としては、企業にも他の人がやってこなかったことを面白いと感じ取ってくれる遊び心を共有してほしいですね。面白いと思う感覚値はさまざまですが、場に出かけ、人に出会い、体験することで培われていくものです。僕たちは、その感覚が合致する企業や広報さんと、世の中にない新しい価値観を作ってきました。これからも、事例ありきではなく、リスクを取ってでも新しいことに挑戦するお手伝いをしていきたいですね」

広報・PR・販促担当者のための〈伝わる〉コンテンツ制作ガイド

これだけは知っておきたい！
構成力・発信力をアップする
「編集」のノウハウ

STAFF

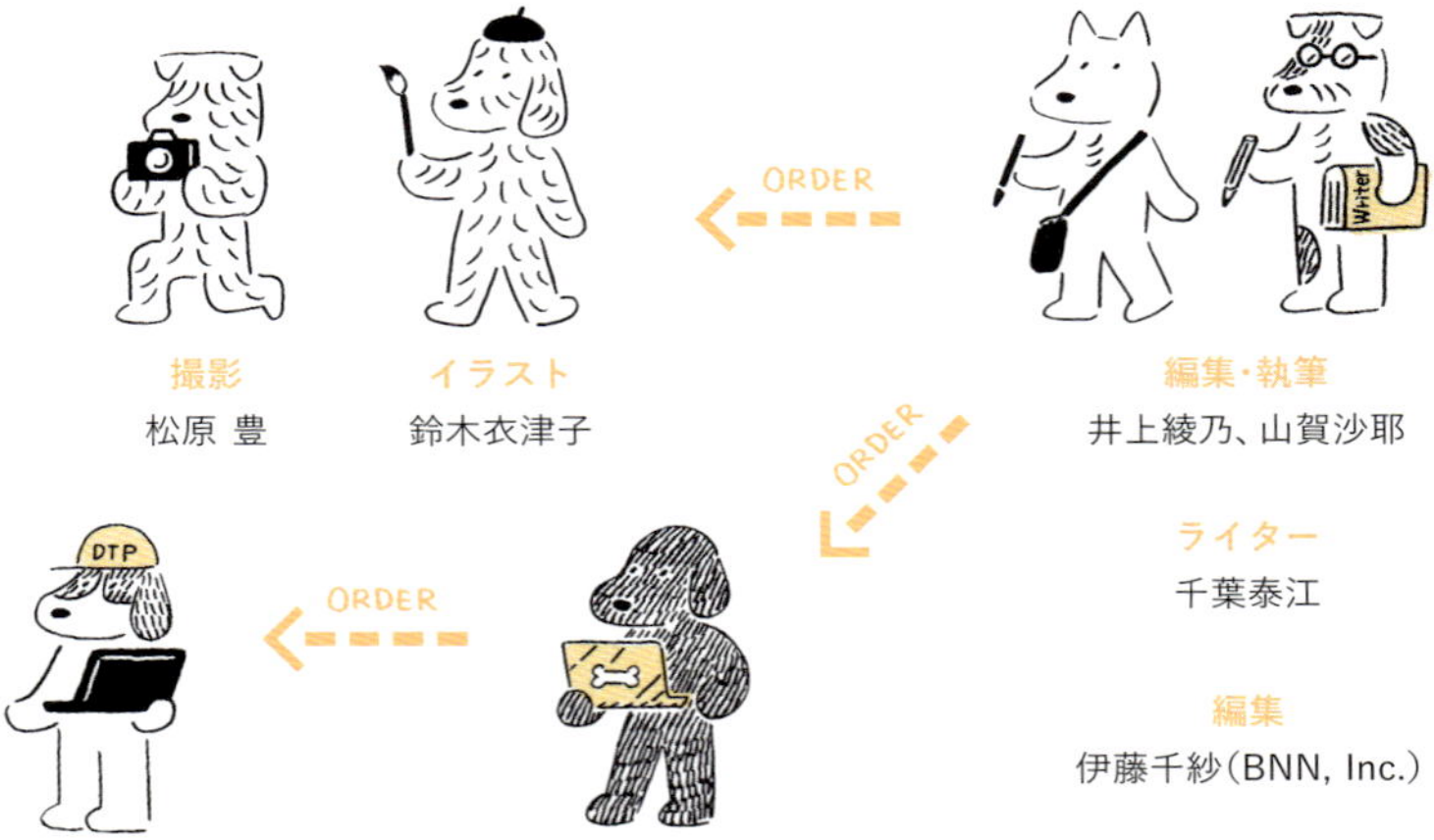

編集・執筆
井上綾乃、山賀沙耶

ライター
千葉泰江

編集
伊藤千紗（BNN, Inc.）

制作協力
鈴江恵子
（SUZU PR COMPANY）

イラスト
鈴木衣津子

撮影
松原 豊

デザイン
山城 由
（surmometer inc.）

DTP
小林祐司

Printed in Japan
ISBN 978-4-8025-1109-4

2018年8月15日 初版第1刷発行

印刷・製本　日経印刷株式会社
発行人　上原哲郎
発行所　株式会社ビー・エヌ・エヌ新社
〒150-0022
東京都渋谷区恵比寿南1-20-6
FAX　03-5725-1511
E-mail　info@bnn.co.jp
URL　www.bnn.co.jp